民國文存

105

國史通略

張震南 編

知識產權出版社

本書是張震南所著的關於中國歷史的一部通史，其時間段從遠古時期的黃帝開始，直至1928年前後。對於每一個朝代或重要的歷史時期，作者分別從"政術""國際""生計""學術"四個方面，主要針對其變遷的軌跡來展開介紹和分析，論述精當，深入淺出，讀來仿佛一些重大的歷史事件如在眼前，對一些重要的歷史人物的描繪和概括也栩栩如生，是一本瞭解中國歷史的很好的讀物。

責任編輯：文　茜　　　　　**責任校對：谷　洋**
封面設計：正典設計　　　　**責任出版：劉譯文**

圖書在版編目（CIP）數據

國史通略 / 張震南編 . —北京：知識產權出版社，2017.1
（民國文存）
ISBN 978-7-5130-4645-9
Ⅰ．①國… Ⅱ．①張… Ⅲ．①中國歷史 Ⅳ．①K20
中國版本圖書館 CIP 數據核字（2016）第 305752 號

國史通略

Guoshi Tonglüe

張震南　編

出版發行：知識產權出版社 有限責任公司	
社　　址：北京市海淀區西外太平莊 55 號	郵　編：100081
網　　址：http://www.ipph.cn	郵　箱：bjb@cnipr.com
發行電話：010-82000860 轉 8101/8102	傳　真：010-82005070/82000893
責編電話：010-82000860 轉 8342	責編郵箱：wenqian@cnipr.com
印　　刷：保定市中畫美凱印刷有限公司	經　銷：新華書店及相關銷售網點
開　　本：720mm×960mm　1/16	印　張：19
版　　次：2017 年 1 月第一版	印　次：2017 年 1 月第一次印刷
字　　數：186 千字	定　價：68.00 元
ISBN 978-7-5130-4645-9	

出版權專有　侵權必究
如有印裝質量問題，本社負責調換。

民國文存

（第一輯）

編輯委員會

文學組

組長：劉躍進

成員：尚學鋒　李真瑜　蔣　方　劉　勇　譚桂林　李小龍　鄧如冰　金立江　許　江

歷史組

組長：王子今

成員：王育成　秦永洲　張　弘　李雲泉　李揚帆　姜守誠　吳　密　蔣清宏

哲學組

組長：周文彰

成員：胡　軍　胡偉希　彭高翔　干春松　楊寶玉

出版前言

　　民國時期，社會動亂不息，內憂外患交加，但中國的學術界卻大放異彩，文人學者輩出，名著佳作迭現。在炮火連天的歲月，深受中國傳統文化浸潤的知識分子，承當著西方文化的衝擊，內心洋溢著對古今中外文化的熱愛，他們窮其一生，潛心研究，著書立說。歲月的流逝、現實的苦樂、深刻的思考、智慧的光芒均流淌於他們的字裡行間，也呈現於那些細緻翔實的圖表中。在書籍紛呈的今天，再次翻開他們的作品，我們仍能清晰地體悟到當年那些知識分子發自內心的真誠，以及其間所蘊藏著的對國家的憂慮、對知識的熱愛、對真理的追求、對人生幸福的嚮往。這些著作，可謂是中華歷史文化長河中的珍寶。

　　民國圖書，有不少在新中國成立前就經過了多次再版，備受時人稱道。許多觀點在近一百年後的今天，仍可說是真知灼見。眾作者在經、史、子、集諸方面的建樹成為中國學術研究的重要里程碑。蔡元培、章太炎、陳柱、呂思勉、錢基博等人的學術研究今天仍為學者們津津樂道；魯迅、周作人、沈從文、丁玲、梁遇春、李健吾等人的文學創作以及傅抱石、豐子愷、徐悲鴻、陳從周等人的藝術創想，無一不是首屈一指的大家名作。然而這些凝結著汗水與心血的作品，有的已經罹於戰火，有的僅存數本，成為圖書館裡備受愛護的珍本，或成為古玩市場裡待價而沽的商品，讀者很少有隨手翻閱的機會。

鑑此，為整理保存中華民族文化瑰寶，本社從民國書海裡，精心挑出了一批集學術性與可讀性於一體的作品予以整理出版，以饗讀者。這些書，包括政治、經濟、法律、教育、文學、史學、哲學、藝術、科普、傳記十類，綜之為"民國文存"。每一類，首選大家名作，尤其是對一些自新中國成立以后沒有再版的名家著作投入了大量精力進行整理。在版式方面有所權衡，基本採用化豎為橫、保持繁體的形式，標點符號則用現行規範予以替換，一者考慮了民國繁體文字可以呈現當時的語言文字風貌，二者顧及今人從左至右的閱讀習慣，以方便讀者翻閱，使這些書能真正走入大眾。然而，由於所選書籍品種較多，涉及的學科頗為廣泛，限於編者的力量，不免有所脫誤遺漏及不妥當之處，望讀者予以指正。

目　錄

自　序 ……………………………………………………… 1
例　言 ……………………………………………………… 1

卷　上

第一章　初　民 …………………………………………… 4
第二章　三代法 …………………………………………… 12
第三章　周諸侯 …………………………………………… 21
第四章　先秦學 …………………………………………… 30
第五章　秦 ………………………………………………… 37
第六章　漢政術（上） …………………………………… 45
第七章　漢政術（下）（生計附） ……………………… 55
第八章　漢國際 …………………………………………… 65
第九章　漢　學 …………………………………………… 73
第十章　魏晉政學 ………………………………………… 79
第十一章　東晉南北朝（上） …………………………… 87
第十二章　東晉南北朝（下） …………………………… 97
第十三章　隋唐政學 ……………………………………… 107

i

第十四章　隋唐國際	116
第十五章　唐政中衰	123
第十六章　五代十國	130

卷　下

第十七章　宋政術	140
第十八章　宋國際（上）	150
第十九章　宋國際（下）（生計附）	157
第二十章　宋　學	166
第二十一章　元	172
第二十二章　明政術（國際附）	182
第二十三章　明季政亂	190
第二十四章　清政術	200
第二十五章　清國際（上）	208
第二十六章　清政中衰	217
第二十七章　清國際（下）	223
第二十八章　晚清失政	234
第二十九章　明清學	243
第三十章　今政學	253
第三十一章　今生計	264
第三十二章　今國際	271

編後記	283

自　序

　　治史之道，專精與通覽異。專精者，觀化而察變，推見以至隱，始乎博，而成乎一家之說者也。顒爲一書以詔人曰：精者在是。雖妄者不至此。若通覽則不然，史笈雖富，吾不能彊人以必嗜也，而不容不粗曉其凡。苟非然者，雖生中國，其人猶夷貊也。然粗曉之法，則必自有可通覽之書始。今之教育家、新史學家，焦神極能以倡乎衆，孰不曰中國史之當改造耶？然方策徒具，而國人無可通覽之書，猶自若也。夫自其尙焉者而言之，未能穿穴羣笈，討治深密，以見其卻而紬其玄，又有以協乎人心之公，而漫著書以云改造，誠未爲易；若自其卑者而言之，則姑待改造於他圖，而先取吾之所固有者，以汰其煩而勒定一書，使夫約而有制，狹而不陋，或者其尙不見非於君子也。夫簡之爲義弘矣。晚近爲通覽之史者，蓋鮮不兢兢，然猶有一敝焉，曰不肯割捨。蓋史實萬千，不必爲人人所宜詳也，惟必有所棄，然後有所著；若於當棄者而不棄，則其當著者亦將溷處其中，而無由別白於讀者。脫於文字而更務矜絜，則勿論其史材之要與非要，而文之所函，半皆曲隱蔽，而弗可識其端委；覽雖終卷，竟亦何所得哉！是無他，知簡之爲得，而未知詘所棄以伸所存，爲尤契於簡之義也。夫治史者之所貴，豈徒誦煩辭逞碎說哉！《曲禮》三千，祝史陳其數，而君子識其意，史學亦猶是云爾！今史部書誠繁，其大綱之通攝古今，而有系夫政之平陂、民之舒戚者，可以一二數也。雜小與大而舉書之，則牛毛繭絲，難爲辨治；雖晚出之本，與村學中兔册之流，鮮以別也。抉其大者而究論之，則元元本本，殫洽而昭明；其言居要，其書易讀，雖有誦說極博之士，不如吾執守之精也。嗚呼！是豈非今世當務之急也哉！

愚不自揆，輒窺剌陳篇，爲《國史通略》上下卷，竊標四事以求史實：一曰政術。立政之方，號爲百志，其明而在數度者，舊法世傳之史，類多紀之。顧代有所重，代有所輕：所重者，雖一二事，而治法寓焉；所輕者，雖禮秩兵刑，不改於舊，而弗繫夫治之隆替也。舉重而略其所輕，以著一代之異尙，斯之謂政術。其不可曉者闕焉。其治之所以隳墮，亦必識其所以然。二曰國際。立國者我，而與我並者外族。使我而非孱，外族雖衆，可包幷而虜牟之，漢、唐、元是也；使我而孱，則諸夏之土地，可拱手而入於他族，晉之東、宋之南、淸之末造是也。是爲一代彊弱之徵，而與軍制外交之得失常相表裏，守國者於此三致愼焉。其因外通而文化有改於故，則亦謹書之。三曰生計。傳曰："天生民而立之君。"是我之舊俗，本以民生爲急也。而累代之政，皆尙劭農，故生計以農爲本。妨農之事有四：曰苛稅、曰雜役、曰兼幷、曰兵爭，而皆原於政之不修。故吾於政術中每附見焉。其有史實特繁，則別書之。通商惠工，則附於近期之末。四曰學術。我國自周之衰，政與學分，百氏爭鳴，而仲尼以六藝所自出，與世主所表章，裒然稱首。後世魁碩，或抱守遺文，篤志章句，時則爲"漢學"；或探求性道，冥心義理，時則爲"宋學"。末流競異，著令者昌。然而唐定義疏，而其流乃爲帖墨；元標洛閩，而其弊極於制義。則政制之有關學術，亦可見矣。故自隋唐以後，語及學術，必先述學校貢舉之制，以著其由。此四事者，竊曾因便裁割，以立部居。大都或竟一朝而析陳之（如漢政術、漢國際）；或通數朝而綜論之（如魏晉政學）；或不加別白，而統紀於某朝之下（如秦元）。其代有興亡，國有分合，簡者數語而畢，繁則御之以表（吾書立表，多至三十餘，皆自創）；皆於章內縈絡而書，不爲專目（惟第十一章專言興亡分合之事，以涉及東晉南北朝及五胡十六國，包孕太多故也），總三十二章。凡古今安攘之軌轍與夫風會之異殊，思想之遷革，會萃都要，略具於篇。

夫世無通覽之史也久矣。時彥有作，或未能簡。若此書者，通計不逾十萬餘言。然而學多謝乎淹通，筆未免於挂漏，其又焉敢自廁於作者？特是鈔集之頃，間下肊解，諸所存削，尤不敢壹切因依前人。宏識之士，能因愚所爲，截取一二之善，以從事乎史之改造，則是書者，或猶不無獻替之助也夫！

淮陰張震南煦侯序

例　言

一，編者確信中國史教本及國民自修之本，非於史材重有所棄，而又特有所主，則必有博而寡要、勞而少功之歎，是以變通時例，輯爲是書。

二，是書標四事以類史實：曰政術，凡職官兵刑之屬，在當時具有特色，而關一代之治法者入之；曰國際，凡和戰仇好之屬，有關國勢之興衰，境土之伸蹙者入之；曰生計，凡國家財政，及國民經濟之種種現象入之；曰學術，凡一時代設教之方、講學之迹，可見當時學者之精神者入之。若興亡分合之類，則相其宜而帶敍之，不爲專目。

三，是書遇四類史實，不專務陳其制度事蹟，而恆以變遷得失爲主。苟有所見，必期詳述。其古今史哲，有所論列，亦常取其精到之語，移錄於篇。但編者必註其所見之書，以資觀者覆檢之助。

四，編者於節目之設，亦有數例：自上古至秦，不標何類。自漢以後，每代必詳其政術、學術；國際、生計，則視其時有可言者置之；非然者，則附載他類之末。其但標朝名不標何類者（如元），則四類皆括敍其中也。

五，朝代每目亦不限一朝，而常相度爲之。大都一代有特異前後者，則列專章；其相因而有關係者，則通數代而貫敍於一目之內

（如明清學）。

六，尚有未列專目，而篇中已具其事者，如歷代生計，常附見於政術等目之內；其自爲片段者，標"生計附"三字；帶敘者，並此三字亦無之。又如遼金二代之政學各項，雖未立專章，而於宋國際上下章中，已備載其概。此類尚多，閱者幸無嗤其漏忽。

七，是書起自太古，終於國民革命軍統一中國。時代愈近，敘次尤詳。民國之事，乃占三章，而於最近政學、國際、生計之故，皆專目論述。知古知今，竊信爲能兩得其概。

八，編者任蘇省六師歷史，即以此稿試諸講授，隨用隨改，已經三易。今茲之稿，又與在校所授者面目全別。自信雖一事蹟之存削，悉有斟酌，不敢隨手撮拾；遇有論列，時下新意，與摭道成說，似亦有間。閱者試一翻每章之節目，至少當有三四處爲與他著特異之點。

九，編者於列目標類，既極縱橫活動之致，故於舊史之分期（如上古、中古等），及章節項目之編次，亦從省簡，僅分爲三十二章。其每章雖有數葉，而於各段挈其要點，提行大書，其眉端復有標目，故極便閱覽。

十，史實有甚繁碎，述之須亙數葉，而又不必縷述；或縷述而讀之有甚難者，則莫如表列以存其概。是書於五胡十六國及五代十國興亡事迹，皆自立杼軸，爲作詳表，表中欄項，與舊迥殊。文省事彰，似莫善於此（他表尚多，覽者自知）。

十一，是書本爲教科而作；嗣又以國民通覽史事，不可無書，是以願獻芹曝之忱於當世，故用諸教科及自修，俱無不宜。如承教育家採及是書，用諸教授，則中等學校每星期授課二時，足供兩學年之用。

十二，是書體屬新創，取舍自難臻至當。海內鴻彥，有涉覽本書，能以疵繆來相督教，俾得有所是正，不至貽誤來學，尤爲跂望。

卷 上

第一章　初　民

　　中國，亞洲之古國也。自黃帝作書契以來，已歷四千餘年。由黃帝而上，則洪荒邈冥，莫定年代，而但有後人傳聞之粗跡。

國史昉於黃帝

　　吾國自黃帝之世，始立史官，始作甲子；一切文物，乃有可稽。故太史公書，特於此託始焉。黃帝以前，未有文字；雖有結繩之治，而徵信良難，殆不足勝紀載之任。然崇拜祖先，人類通性，口說所流傳，往往稱道先代奇蹟與天地剖判之傳說；其中事實，常雜神怪，中西古史，殆莫不然也。此類若竟作歷史觀，誠爲失據，然以之推考古代生活情狀，則未嘗無益。近世人類學及古生物學，逐漸發明；欲追溯史前之變象，此類學問，所宜究心也。

　　大抵其時生事極陋，器用極簡。

生事懸談

　　太古之民，其生活狀態，據載籍所傳，至爲簡陋。如穴居野處，則無宮室也；搏生咀華，則無炊爨也；飢卽求食，飽則棄餘，則無儲胥也；山無蹊隧，澤無舟梁，老死而不相往來，則無社交也；民

卷上

第一章 初民

但知有母，不知有父，則無倫理也；其親死，則舉而委之於壑，則無葬埋也。是雖爲後世推想之談，然其實殆不能外此。

其進化之軌轍，雖史文鮮可稽，然最初必爲漁獵時代，厥狀至苦。

當是時，配偶無定，家庭未立，所相依以爲羣者，漁獵而已。甄克思《社會通詮》曰："初民者，世間至苦之人類也。無衣裳以禦霜雪，無室廬以蔽風雨；雖有親戚，其倫理相繫，與文明之民大殊。今日雖飽，不救明日之飢；幕天席地，居靡定所，死則鷙鳥、野獸之糧而已。"　漁獵

又進，則經牧畜時代，以至於耕稼時代。

漁獵時代，生事極苦，射飛逐走，性命以之。世運既進，民乃知豢野獸而爲家畜。於是民之衣食，乃有可恃，而私有財產制以生。男女嫁娶之禮，亦由是而定。更進而生齒日繁，游牧不足以養，乃伐林莽，治稼穡，而農事興。於是人民始有定居，而疆界既判，漸成部落。此三階級者，萬國社會之所同也。　牧畜　耕稼

凡此階級，其間恆有開物成務之人，在我史家相傳通說，則有燧人、伏羲、神農之三君。

事物起原，最難指實；古所傳者，未必卽其創始之人。茲姑就《易繫辭》《世本》《白虎通》諸書所云，列三君之創作表如下：　黃帝以前之制作

5

三君制作者表

創作者	創作事項	備注
燧人氏	鑽木燧取火，教民熟食	漁獵時代中
伏羲氏	結繩爲網罟，以佃以漁。養犧牲以充庖廚。以儷皮制嫁娶之禮	始入游牧時代
神農氏	制耒耜，教民農作。日中爲市，教民交易	始入農業時代，更進而入商業時代

此三君者，蓋皆一部落之酋長，非有統一國家之形式。至黃帝戰勝蚩尤，始受諸侯之戴爲天子。

黃帝安攘之迹

太古之民，非如今世之統一也。其一部落所據有者，蓋甚狹小；互相鬭爭，强者爲雄，是曰酋長，亦卽後世之所謂諸侯。燧人等三君，酋長之著者耳，不必爲一系相承也。伏羲都陳，神農都曲阜。漢族宅居之地，本在黃河流域，其南方則爲三苗所居。神農氏世衰，三苗之君曰蚩尤者，逐帝榆罔而自立。黃帝以少典氏之子（少典亦當時諸侯），創陣法，作指南車，與戰於涿鹿之野；遂禽殺蚩尤，諸侯共尊帝爲天子。史稱帝巡方所及：東至於海，西至於空桐（山名，在甘肅平涼縣西），北逐葷粥（卽匈奴），合符釜山（在今察哈爾省保安縣西南），而邑於涿鹿之阿。一統之疆，大略可覩。蓋我國古時，能臣服羣后、攘伐異族者，黃帝其首出者也。

帝之時，制作爛然，文化大啟；見於書者，多不勝述。其先利被萬世者，厥爲文字之發明，蓋歷三聖人而始就。

卷　上

第一章　初　民

黃帝制作，見於載籍者，如垂衣裳而天下治，作宮室以避寒暑，作舟車以濟不通；又名大撓作甲子，伶倫作律呂，問於岐伯作醫經，是皆其犖犖大者，而文字尤功在萬世。《說文解字》序："古者庖犧氏之王天下也，仰則觀象於天，俯則觀法於地，視鳥獸之文與地之宜，近取諸身，遠取諸物，於是始作《易》八卦，以垂憲象（畫卦）。及神農氏結繩為治，而統其事，庶業其繁，飾偽萌生（結繩）。黃帝之史倉頡，見鳥獸蹏迒之迹，知分理之可相別異也。初造書契，百工以乂，萬品以察（書契）。倉頡之初作書，蓋依類象形，故謂之文；其後形聲相益，即謂之字。文者，物象之本；字者，言孳乳而浸多也。"〔始制文字〕

帝既為中國所歸，其子孫世為生民主。

今據《史記·五帝本紀》所載統系，表列如下：〔帝繫姓〕

(1) 黃帝—玄囂—蟜極—(3) 高辛—(4) 摯
　　　　　　　　　　　　　└(5) 堯
　　　└昌意—(2) 顓頊—窮蟬—敬康—
　　　句望—橋牛—瞽叟—(6) 舜

自堯以降，事益可稽，大抵治雜神人。

草昧初啟，神人未離。故凡為帝者，皆稱天而治，是為天子。天子以祭通神人之情。堯舜之世，祭法漸備。故舜受命攝位時，類於上帝，禋於六宗，望於山川，徧於羣神。而天命所歸，又常以民意為定。故堯將遜位，薦舜於天；舜避位河南，見〔堯舜時代之天治與民意〕

7

朝覲、訟獄、謳歌者之歸己，始踐天位。蓋古之君民，確以天命爲實有，亦猶西洋上古之祭司，常操最高之權也。

權在方嶽。

四嶽權重一　是時四方諸侯之長，謂之四嶽。其於黃帝之後，地醜德齊，特名義上尊爲共主而已。高辛氏崩，帝摯立，政微弱。堯時爲唐侯，德最盛，諸侯因廢摯而戴堯。於此可見帝堯卽位之初，國之大柄，實在方嶽也。《帝典》述堯之政曰："協和萬邦。"蓋統馭有所難施，則惟有撫柔之而已。

踐位六十載，洪水暴興。堯以四嶽之言，用鯀治水，終於弗就。

四嶽權重二　時龍門未開，呂梁未發。河出孟門之上，江淮通流，四海溟涬。民皆上丘陵，赴樹木。堯獨憂之，詢於四嶽，皆曰："鯀可。"堯曰："鯀負命毀族，不可。"嶽曰："異哉！試，不可用，乃已！"堯於是聽嶽，用鯀。鯀堙洪水，九載不成。

遂舉舜於畎畝之中，使攝行天子之政，而禪位焉。此最古今所希有者也。

堯禪舜爲世及變例　自黃帝以來，君位世及，不離其宗。堯倦勤而欲內禪，則丹朱頑凶，不宜付託；又外徵四嶽，野讓許由，皆不肯踐帝位。乃毅然詢四嶽，使悉舉貴戚、疏遠、隱匿之宜爲帝者。衆舉虞舜，謂父頑、母嚚、弟傲，能和以孝。堯善其能處家庭，知必能

第一章 初民

大用於國，以女妻焉，又歷試諸艱。舜咸克舉。七十有二載，乃命攝位。又二十八載，帝堯崩，舜避丹朱於南河之南，諸侯皆去丹朱而之舜。舜然後之中國，踐天子位焉。

舜起於側微，多歷細事。

舜爲黃帝子昌意後。自窮蟬以至帝舜，凡六世，皆微，爲庶人。舜嘗耕於歷山，漁於雷澤，陶於河濱，作什物於壽邱，就時於負夏。其所居之地，一年成聚，二年成邑，三年成都。

躬歷庶事之天子

攝位之始，進賢黜佞；既平洪水，益行中央集權之治。

舜明於庶物，有執兩用中之智，故攝位之初，即以嚴飭綱紀爲務。堯在位久，賢才不免壅抑，凶人不免卵育於其間。舜則舉八愷，使主后土；舉八元，使布五教，而賢才進。又殛鯀於羽山，放驩兜於崇山，流共工於幽州，竄三苗於三危，而凶人屏；蓋四罪而天下咸服焉。時洪水未平，舜既殛鯀，知大禹之賢，命爲司空，使纘父業。禹苦身焦思，導四瀆而注之海，驅蛇龍而放之菹；九年而告成事，民乃得平土而居之。於是肇十有二州（兗、冀、青、徐、豫、荊、揚、雍、梁、并、幽、營），各置州牧，爲地方長官，以分四嶽之權。凡州牧及四嶽，五歲一朝於帝。帝則每五歲更巡狩四境，以觀民風（與黃帝方行天下之意同）。三歲一考功；三考乃行黜陟；更新建諸侯，以參伍之。羣后之權

帝權至舜而尊

9

始殺矣。

按三代始祖，皆舜所封，今表列如下：

三代繫姓表

封國	受封者	錫姓	世系所出	備注
夏	禹	姒	鯀之子、顓頊孫	尋受舜禪，爲夏之始祖
商	契	子	高辛氏之子	爲舜司徒，有功，十三傳至湯爲商王
邰	棄	姬	高辛氏之子	爲舜后稷，有功，十五傳至發爲周武王

乃先之以稼穡，繼之以教育，又制刑以威四夷。中國之有文教，蓋自舜啓之也。

舜之政教

平洪水後，舜使棄爲后稷，教民稼穡。昔時草木榛塞者，今則五穀熟而人民育。舜以富而無教爲憂，恐其近於禽獸也，乃命契爲司徒，教以人倫。其目曰："父子有親，君臣有義，夫婦有別，長幼有序，朋友有信。"由是教育掌於王官，上下始以明倫爲重。又以蠻夷猾夏，寇賊姦軌，命皋陶爲士，制五刑，曰墨、劓、剕、宮、大辟；而更以流、宥、鞭、扑等刑輔之。三者（實業、教育、刑法），皆理國之要也。

舜子商均亦不肖，乃法堯之行，薦禹於天；及崩，而禹踐天子位焉。今之談禪讓者，必稱堯舜云。

禪讓眞義

按後世帝王易姓，亦常有禪讓之文，然實則故美其名而已。今舉堯舜禪位之特點於下：

（1）皆自知其子之不肖，不肯以一人病天下；

（2）皆主權在握，意由己發，非守府拱己之君；

（3）皆授受一心，無有朋黨，無霸府陰謀之士，無舊朝死難之人；

（4）皆舉國所歸，功德崇茂。

讀者取以相衡，眞僞自見矣。

第二章　三代法

三代之世，史事甚明。

史蹟之可信自三代始

夏商周三代，荀卿之所謂後王也。《荀子·王制篇》云："王者之制，道不過三代，法不過後王。道過三代謂之蕩，法貳後王謂之不雅。"蕩者何？事已久遠，浩蕩難信也。故史蹟之粲然可信者，必自夏禹始。

舉其大事言之，則如傳子之局，自禹而定；

禹復世及之制

禹受舜之禪。及其崩也，以位授子啟。論古者，或謂由德之衰。實則自黃帝以來，君位本限一家，故堯之禪舜，舜之禪禹，受禪者皆避舊君之子於他邑，百姓歸之，乃始即位。觀其避舊君之子，可知世及為其時通例，而禪讓為例外。禹之崩也，亦嘗以天下授益。益佐治日淺，天下未洽。禹子啟，其才不及父，而賢於丹朱、商均。百姓狃於世及之舊例，於是當益避出箕山之陰，竟皆去益而歸啟，而傳子之制遂復。益者，顓頊之裔，嘗佐禹治水，秦之祖也。

第二章 三代法

征誅之局，自湯而開，至武王又踵爲之；

夏凡十七世，至履癸，淫虐多力，史稱曰桀。商侯湯，時爲方伯，國止七十里；因民之怨，務修其德，漢南諸侯歸者四十國。又得伊尹爲相，遂伐夏，放桀於南巢。於是諸侯服湯，尊爲天子，國號商。商二十八君，王受辛立，好酒淫樂，史稱曰紂。西伯昌，遵后稷、公劉之業；因紂無道，陰行善修德，賢士多歸之。初，國僅百里，未幾而有天下三分之二。蓋王業將成而昌卒。子武王發立，用太公望爲師、周公旦爲輔；見紂惡未改，遂秉先志，東征紂。諸侯不期而會者八百國，遂敗紂師，紂自焚死。武王卽王位，國號周。 征誅

按自商湯以兵力得天下，後世興王，凡不由篡立者多祖之。余觀湯武征誅，有與後世異者：（1）故君本甚無道；（2）己本諸侯，又皆得專征伐者；（3）修仁行義，已歷多世。蓋貴族之世，有天下者例歸羣后；然苟君非甚暴，己又無以大過於人，則衆莫歸之，故是時欲得天下，必循其逕。 征誅異點

廢立之舉，則伊尹其權輿也。

君主時代，帝位至重。若有暴主，爲主臣者，不忍行湯武放弒之事，則又有救濟之術焉，廢立是也。商湯既崩，再傳至太甲。太甲顛覆湯之典刑，於是伊尹放之於桐宮，而自攝政以朝諸侯。太甲居桐三年，處仁遷義。伊尹乃迎太甲而授之政，諸侯歸殷，百姓以寧。 暴主之救濟術
曰廢立

廢立要義

按伊尹廢立，後世踵爲之者多矣；然自霍光外，不免慚德。今舉尹之特點如下：

（1）廢立之意，在促昏主之反省；（2）行廢立者，心在王室，非藉是立威，爲移國之漸。故孟子曰："有伊尹之志則可；無伊尹之志則篡也。"

蓋自禹抑洪水，復爲九州，而夏以後之山川疆界，始有可考。

古疆界之可考自禹九州始

我國古代，帝王宅中之地，咸在黃河流域：黃帝以後，堯都平陽（今山西臨汾縣），舜都蒲阪（今山西永濟縣東南），禹都安邑（今山西夏縣北），湯都南亳（今河南商丘縣西南），武王都鎬（今陝西長安縣西南），其地咸班班可考。而四履所及，終甚芒昧。禹旣平水土，乃復古者九州之舊。其州境咸以山川形勢而定，言古代地理者必稽焉。

今表列如下：

九州表

州名	州界	今地
冀州	帝都三面距河	今河北、山西二省
兗州	東南據濟，西北距河	跨今河北、山東二省
青州	東北據海，西南距岱	今山東東北部
徐州	東至海，北至岱，南及淮	今山東南部及江蘇、安徽之北部
揚州	北據淮東南距海	今江蘇、安徽二省以南之地
荊州	北據荊山，南及衡山之南	今湖北、湖南二省

第二章 三代法

續　表

州名	州界	今地
豫州	西南至荊山，北距河	今河南省
梁州	東據華山之陽，西距黑水	今四川、西康二省
雍州	西據黑水，東距河	今陝西、甘肅二省

大抵侯服之內，諸國錯列，降而愈減；

　　九州既復，因距帝都之遠近，又有五服之區畫：王畿之外五百里爲甸服，重農事；又五百里爲侯服，分土建國以藩王室；又五百里爲綏服，撫安其民以衛中國；又五百里爲要服，要束以文教；又五百里爲荒服，政教荒忽，因其故俗而治之。封建制度，本由酋長蛻化而來。禹會諸侯於塗山（在今安徽懷遠縣），執玉帛者號萬國；成湯受命，存者三千餘國；至周武王定五等之封，凡一千七百七十三國（蠻、夷、戎、狄亦在其中）。蓋因吞并而失國者多矣，亦中央威權日張之證也。

　　三代之諸侯

要荒而外，黎苗梗化，至禹而亦平。

　　其時東南二部，尚有蠻夷雜居地。少昊之衰，九黎亂德，顓頊誅之。其子孫居洞庭、彭蠡間，曰三苗。高辛氏衰，又復九黎之惡，堯誅之。舜臣堯，又竄其君於三危，而國猶存。禹攝位，有苗弗率受，命征之；七旬而有苗來朝，自是無逆命之事。

　　禹時聲教之南漸

　　其制內攘外之可述者如此。若乃施治規模所在，夏殷二代，久苦無徵。

夏殷制度難言　　《論語》子曰："夏禮，吾能言之，杞不足徵也；殷禮，吾能言之，宋不足徵也；文獻不足故也。"（《禮記》略同）《禮·王制》所載兵農諸制，與《周禮》頗異，或謂爲殷制，亦無左證可稽，故今不取（據經籍以鉤考二代之政制，是專家事，茲非其書也）。

惟授田之制，關係民生，三代因革之規，略可覩曉。

三代田制　　相傳黃帝之世，即有井田制度。《通典》曰："昔者黃帝始經土設井，以塞爭端；立步制畝，以防不足。使八家爲井，井開四道，而分八宅，鑿井其中；是以性情可得而親，生產可得而均，欺淩之路塞，鬪訟之心弭。"孟子述三代之制曰："夏后氏五十而貢，殷人七十而助，周人百畝而徹，其實皆什一也。"朱熹《集注》曰："夏時一夫受田五十畝，而每夫計其五畝之人以爲貢。商人始爲井田之制，以六百三十畝畫爲九區；區七十畝，中爲公田。八家各授一區，但借其力以助耕公田，而不復稅其私田。周時一夫授田百畝，鄉遂用貢法，十夫有溝（鄉遂謂國中郊門之內）。都鄙用助法，八家同井（都鄙謂郊外之地）。耕則通力合作，收則什畝而分，故謂之徹。"

要皆地爲國有，班惟求均，故在昔推爲良法。其上之所以訓俗而立教者，又因時而異其所尚。

第二章 三代法

古者易姓之際，政常相監。三代異尚，《禮記》《白虎通》皆載之，而司馬遷之言爲得要領。《史記·高祖紀》云："夏之政忠，忠之敝，小人以野，故殷人承之以敬；敬之敝，小人以鬼，故周人承之以文；文之敝，小人以僿，故救僿莫若以忠。三王之道若循環，終而復始。"

〔三代治尚〕

而集前聖之大成者，斷推周公。

章學誠《文史通義》曰："自有天地而至唐虞夏商周，迹既多而窮變通久之理亦大備。周公以天縱生知之聖，而適當積古留傳，道法大備之時，是以經綸制作，集千古之大成。"夏曾佑《中國歷史》云："有周一代之事，其關繫於中國者至深。中國若無周人，恐今日尚居草昧；蓋中國一切宗教、典禮、政治、文藝，皆周人所創也。中國之有周人，猶泰西之有希臘。"

〔周公與中夏政治〕

公監於二代之所偏，以禮爲上下共守之儀則。

古稱三王不同禮而治。蓋禮者，三代皆有之，惟周能損益曲當耳。《荀子》云："禮起於何也？曰人生而有欲，欲而不得，則不能無求；求而無度量分界，則不能不爭；爭則亂，亂則窮。先王惡其亂也，故制禮義以分之，以養人之慾，給人之求。"是知禮之大原，與法同意，皆所以保持秩序；特一重誘導，一重懲創耳。

〔禮意〕

其經綸制作之迹，具見於《周禮》之一書。

《周禮》，一名《周官經》，凡六篇，爲周代政

〔《周禮》之價值〕

典之總彙，相傳爲周公致太平之書；或以其中條目猥瑣，且間與周制不合，因疑其爲僞託者，然價值終在也。柳翼謀先生曰："周、秦、西漢著書者多矣，今其書之存者，或第言立法之意，或粗舉治國之方，無一書能包舉天下萬事萬物，一一爲之區分條理，而又貫串聯絡，秩然不紊如《周官》者。學者試思，當具何等經驗、思想、學力，而後能成此書乎？卽令未嘗實行，僅屬於一個人之理想；然此一個人之理想，產生於此時代，已足令人驚詫，矧其官守法意，降至春秋戰國，猶多遺迹可尋乎！"

凡上下之分，一衷諸禮。

禮之別在等衰

周公制作之意，務在別貴賤，以立等衰，使上有所尊，下不敢叛。禮之類有五：一曰吉禮，以定祭祀；二曰凶禮，以哀死亡；三曰賓禮，以規朝聘會盟之節；四曰軍禮，以用衆；五曰嘉禮，以親宗族、兄弟、朋友、賓客，以成男女。是五者，惟凶禮中服制一項，達於貴賤，餘則咸以器數之多少、文素，示其區別（如天子七月葬，諸侯五月，大夫三月，士踰月；天子龍袞，諸侯黼，大夫黻，士玄衣纁裳之類）。從之者吉，而去之者殃。後世仲尼之所以正名，以及名家之出於禮官，胥以此也。

命官之法，章制尤詳；

《周官》略

《禮記·明堂位》曰："夏后氏官百，殷二百。"蓋言其大數，其詳不可聞。周之官制，始與後世生因果關係。其大綱凡分六屬：一曰天官冢

第二章 三代法

宰，掌邦治；二曰地官司徒，掌邦敎；三曰春官宗伯，掌邦禮；四曰夏官司馬，掌邦政；五曰秋官司寇，掌邦禁；六曰冬官司空，掌邦土；是爲後世六曹分職之權輿。六官之上有三公（太師、太傅、太保）三孤（少師、少傅、少保），坐而議政；有其人則居之，無則闕。六官之下，有公卿、大夫、士。諸侯以爵爲等差，公侯三卿，伯二卿，子男一卿，亦皆有大夫、士。此周代官制之大綱也。

　　而鄉遂自治之規，尤足爲今世所取鑒焉。

周之自治　　周代王城之外，百里內爲鄉，百里外之遠郊爲遂。鄉遂二區，凡方四百里，行自治制。其區畫：令五家爲比，五比爲閭，四閭爲族，五族爲黨，五黨爲州，五州爲鄉；凡六鄉。又令五家爲鄰，五鄰爲里，四里爲酇，五酇爲鄙，五鄙爲縣，五縣爲遂；凡六遂。鄉有鄉大夫，其上有鄉老；遂有遂大夫，其上有遂人；而俱隸於大司徒。各級自治之吏，總三萬七千餘人，幾當周官五分之三。其職掌，則鄉遂大夫，各掌其境之政敎禁令。正月之吉，鄉大夫受法於司徒，退而頒之於其鄉吏，使各以敎其所治，以考其德行，察其道藝，糾其過惡，以興敎化。自州長以下，常有屬民讀法之舉，使民習於法令，而不敢放佚於邪。凡戶籍丁賦，以及敎育、實業之政，皆鄉官躬率以集事，故事畢舉而民不擾。遂大夫以下，所掌與六鄉同，而尤異者，鄉老以三公之尊，爲自治之長；其下之鄉大夫，乃與大司徒平行。故鄉自治可以指揮大司徒，並可以指揮六官；則全國各官，無一而非爲自治效用。是乃以自治包括官治，而非如後世之以官治控勒自治，此最周代鄉遂自治之特色也（說參孟森《自治眞詮》，全文載《太平導報》）。

第三章　周諸侯

　　周公既制禮以爲國紀，又大封建諸侯以屏藩周。

　　梁啟超有言："眞封建自周公始。"蓋古之諸侯，大抵分立之酋長，其勢屈於元後者耳。有王者出，而其數日減，然終不能盡殲滅之。柳宗元《封建論》有云："殷周之不革，不得已也。蓋以諸侯歸殷者三千焉，資以黜夏，湯不得而廢；歸周者八百焉，資以勝殷，武王不得而易。"是眞洞若觀火矣。周公既佐武王克商，則新建諸國以參伍其間，而同姓十居七八。荀子曰："周公兼制天下，立七十一國，姬姓獨居五十三人，而天下不稱偏焉。"蓋公之政策如此。 周初封建之意

　　及其衰也，戎狄內侵，周室東遷，遂成春秋之世；

　　周室興於雍州之域，其地本與戎狄爲鄰，史稱獯鬻，即後世之匈奴也。自古公亶父以降，時遭侵侮。武王既營雒邑，乃都鎬（今陝西長安西南）自 戎狄逼周

若，而放逐戎夷於涇洛之北，以時入貢，命曰荒服。成康之世，天下安寧。穆王欲肆其心，西伐犬戎，而荒服不至。厲王監謗，諸侯不朝；三年民叛，居王於彘（今山西霍縣）。宣王中興，諸侯復宗周，然敗績於姜氏之戎。子幽王立，寵褒姒，與申侯有郤。申侯怒，與犬戎共攻，殺王於驪山（在今陝西臨潼縣）之下，遂東居涇渭之間。秦襄公救周，平王以岐豐之地委秦，列爲諸侯。而王室則東遷於雒邑，避戎寇焉。平王之四十九年，即魯隱公之元年，春秋之所託始也。

於是諸侯日強，而王室反若贅旒。

春秋諸名國

春秋以後，禮樂征伐自諸侯出，故諸侯之由來，不可不知。先是武王克商，封師尙父於齊，弟周公旦於魯，太伯之後於吳。成王時，續封殷後微子啓於宋，顓頊之後熊繹於楚，母弟唐叔虞於晉。孝王時，又封伯益之後非子於秦。宣王時，又封弟友於鄭。此諸國者，惟宋爲公爵，餘則齊魯晉皆侯爵，秦鄭皆伯爵，吳楚皆子爵。稽之王制，地未有過百里者也。然因地勢所係之故，晉阻三河，齊負東海，楚介江淮，秦因雍州之固，皆處邊地，接近戎狄，用能淬厲而日強大。而齊以周之元舅，本有征伐侯伯之權（見《左傳僖四年》），故王室尤倚賴焉。

然諸侯之賢者，猶能託尊周之義以令羣后，其盛者稱齊桓、晉文。

第三章　周諸侯

霸者事業

桓文之霸（尊攘）

《史記·十二諸侯年表》曰："厲王奔彘，亂自京師始。是後或力政，強乘弱，興師不請天子；然挾王室之義，以討伐爲會盟主。政由五伯（伯同霸），諸侯恣行，淫侈不軌，賊臣篡子滋起矣。"五伯之中，推桓文爲盛。初，齊之北方有山戎，嘗侵燕，桓公救之，命燕君復修召公之政，納貢於周，如成康時。諸侯聞之，皆從齊。狄伐邢，又滅衛。桓公逐狄人，遷邢於夷儀，而封衛於楚邱。邢遷如歸，衛國忘亡。楚失臣職，公伐之，盟而還。於是周襄王以葵邱（今河南考城縣）之會，賜桓公胙。齊之霸業，於斯爲盛。繼之者爲宋襄公，欲合諸侯而爲楚所執。既而釋之，又見敗於泓（水名，在今河南柘城縣），傷股而卒。晉文公者，齊桓之壻，即位之年，周襄王以狄難出奔鄭，且告難於秦晉。公從狐偃言，先秦而納王於周，王賜文公以南陽之田。繼又因救宋以與楚戰，敗楚師於城濮（今山東濮縣南）。王乃更策命晉侯爲侯伯，晉一戰而霸。

秦穆、楚莊繼之，然霸業或與桓文異。

秦楚之霸（力征）

初，晉文公之入國也，秦穆公實納之。及文公卒，秦潛師襲鄭，晉襄公擊而敗諸殽（山名，在今河南洛寧縣北）。秦晉始有隙。穆公自罪其失，猶用孟明（敗殽三帥之一），增修國政。三年復伐晉，大敗晉人，封殽尸而還。更用由余謀，伐戎王，并國二十，開地千里，遂霸西戎。楚本蠻夷，至熊通僭稱王，始蠶食小國。傳至莊王，屢用兵於鄭，與晉爭霸。邲（今河南鄭縣）之戰，晉師救鄭者敗績，楚遂稱霸。秦穆、楚莊，志在力征，始不以王室爲先。楚莊觀兵周疆，至問鼎之輕重於周室，與桓文之業迥異矣。

其後遂爲晉楚爭霸之局；終則吳楚崛興南土，相繼而執中國之牛耳。

吳越之霸（力征）

自是之後，南方則楚，北方則晉，各務其力，以營諸侯。鄭常叛服於兩大之間。周靈王季年，向戌爲弭兵之盟於宋，晉楚之爭暫息。吳自太伯以後，十九傳至壽夢，得楚亡大夫申公巫臣，教以戰陣之法。蠻夷屬楚者，吳盡取之。晉利其疲楚而莫吾爭也，更會吳子以結之。至闔廬時，吳兵遂入郢（楚都）。楚昭王賴秦援，乃復國。越王句踐，本夏少康之裔，初即位，吳人來侵，闔廬敗而死。子夫差立，三年報怨，遂入越。句踐請和，夫差許之。句踐陽卑事吳，而陰謀雪恥。夫差則開邗溝以通江淮。春秋之末，更北會諸侯於黃池（今河南封邱縣）。周敬王使使賜吳胙。越王生聚教訓二十年，卒敗吳而滅其國；乃更以兵北渡淮，與齊晉諸侯會於徐州（今山東滕縣），而致貢於周。周元王乃賜句踐胙，命爲伯。當是時，越兵橫行於江淮東，稱霸主焉。

而春秋於是終焉。

春秋概觀

春秋始於平王四十九年，終於敬王三十九年，凡二百四十二年。當此時也，周天子徒建空名於諸

第三章　周諸侯

侯之上，所恃以尊臨羣后者，厥惟霸主；次焉則曰名分，曰辭令，而最上之統治權，早消失於無有。於是迭相攻幷，而亡國五十二；卿大夫擅權，而弒君三十六。《周官》之典，存者蓋幾希矣。然卽此禮樂廢墜之世，亦有特著之點在。卽：

（1）國際法之發達；

（2）外交術之演進；

（3）貴族制之頹廢；

是也。

春秋以後，七國繼興，史稱戰國之世。其時政俗，去春秋益遠。

春秋力征之餘，諸侯之著者，惟有七君。除秦楚燕三國外，概非春秋之舊，如韓趙魏則篡晉，田和則篡齊（仍稱齊）。趙魏韓齊，以篡亂得國者也，皆受周命爲諸侯。東萊呂氏曰："秦變於戎者也，楚變於蠻者也。燕變於狄者也。至是周以空名苞系其間，危矣哉！"蓋文武之道，至此而殆盡。故《史記‧六國表》序云："三國分晉，田和亦滅齊而有之，六國之盛自此始。務在彊兵幷敵，謀詐用而從衡短長之說起，矯稱蠭出，誓盟不信，雖置質剖符，猶不能約束也。"此則戰國之特色也。

而首務變法以致富強者，實惟秦國。

秦居雍州，自穆公後，累世不與中國交通。楚魏諸國，皆以夷狄遇秦，擯不與中國之會盟。逮孝公立，始發憤修政，欲以強秦。於是衛公孫鞅西入

〔戰國概觀〕

〔秦之耕戰政策〕

秦，說孝公以富國強兵之術。孝公悅，遂定變法之令。今條舉其法如下：

（1）關於富國者：

①廢井田，開阡陌，化土地國有爲私有。

②大小僇力本業，耕織致粟帛多者，復其身；事末利及怠而貧者，舉以爲收孥。

③民有二男以上不分異者，倍其賦。

（2）關於强兵者：

①令民爲什伍，而相收司連坐，不告姦者腰斬，告姦者與斬敵首同賞；匿姦者與降敵同罰。

②有軍功者，各以率受上爵；爲私鬬者，各以輕重被刑。

③宗室非有軍功，論不得爲屬籍。

綜衛鞅治法，蓋探狹義之耕戰主義，與周之禮治正相反。鞅又誘三晉之民，以事墾闢，而使秦人應敵於外（見《通典》）。數年之間，國富兵强，天下無敵，蓋務本之效也。於是秦封鞅爲商君，故一稱商鞅云。

他六國者，見秦之强，仇附不一，於是儀、秦縱橫之策紛出其間。

六國對秦外交之紛拏

秦既富强，六國振恐，於是洛陽人蘇秦游說六國諸侯，約合從以擯秦曰："秦攻一國，五國各出銳師，或撓或救；不如約者，五國共伐之。"秦爲從約長，并相六國，而投從約書於秦。明年，秦惠王使人欺齊、魏，與共伐趙，從約立解。張儀亦學從橫術，爲秦客卿，嘗說魏王盡入上郡十五縣以與秦，秦用爲相。其後蘇秦死於齊，張儀益說六國，恫以危詞，使爲連橫以事秦。會秦惠王卒，新君（秦武王）不悅張儀，橫約乃解。儀亦旋卒。蓋兩策皆未能久行而罷云。

逮秦昭襄王用范睢，遠交而近攻之，於是兼并之策乃決。

當是時，韓魏迭獻地，燕齊自相攻伐，可與秦敵者，在南惟楚，在北惟趙。秦用白起爲將，敗趙，拔數城；南伐楚，拔郢，燒夷陵，楚東北徙都陳。昭襄王立，得范睢爲相。睢獻遠交近攻之策，勸秦王先取韓魏。王應麟云："晉楚之爭霸在鄭；秦之爭天下在韓魏。其遠交也，以二十年不加兵於楚，四十年不加兵於齊；其近攻也，今年伐韓，明年伐魏，更出迭入無寧歲。韓魏折而入於秦，四國所以相繼而亡也。秦取六國謂之蠶食，蓋蠶之食葉，由近及遠。"

秦并天下自近始

而周室益微。至於赧王，遂先六國而滅於秦。夫以共主虛位，而能享國八百餘歲，斯則封建制度之賜爾。

戰國之初，諸侯卽莫能宗周；齊威王來朝，一時詫爲僅見。七國之中，除楚國早僭號稱王外，餘國亦先後稱王。周之末王曰赧王，在位最久，凡五十九年；而西迫強秦，東有韓魏，數見侵暴，勢日

周以失恃而亡

陵夷。是時周分東西，赧王居河南（卽王城），東周君居鞏（今河南鞏縣）。削奪之餘，僅有七城（河南、洛陽、穀城、平陰、偃師、鞏、緱氏）。秦欲稱帝者屢，未卽行；又屢欲攻周，以共主憚而止。赧王五十八年，三晉距秦；周言於秦，願爲聽東方之變。明年，秦取韓地，赧王恐，背秦，與諸侯約從而攻秦。昭襄王怒，攻周。赧王入秦，頓首受罪，盡獻其邑三十六、口三萬。歸而卒。又七年，秦遷東周君於陽人聚（今河南臨汝縣西）。於是東西周皆亡。班孟堅曰："周監二代，封國八百，同姓五十有餘，所以深根固本，爲不可拔者也。故盛則周召相其治，致刑錯；衰則五伯扶其弱，與共守。自幽平之後日以陵夷，分爲二周，然天下謂之共主，彊大弗之敢傾；歷載八百餘年，數極德盛。旣於王赧，降爲庶人，用天年終。號位已絕於天下，尚猶枝葉相持，莫得居其虛位，海內無主，三十餘年。"斯最得春秋戰國之情勢者矣。

　　然周滅後三十五年，六國亦次第折入於秦矣。

三百餘年分立之始合　　秦昭襄王薨，三傳至秦王政，呂不韋爲相，招致賓客遊士，欲以并天下。十年，呂不韋免，宗室大臣議逐客。楚人李斯在逐中，上書得免，遂爲秦王陳策，以反間計，離六國君臣，然後使良將隨其後。秦王從之，卒并六國。自春秋末至是，蓋已二百五十八年矣。今依次表列如下：

第三章 周諸侯

六國辨亡表

國名	滅亡年代	滅亡原因
韓	秦王政十七年	地當山東孔道，不務自強，首納地稱藩於秦
趙	秦王政十九年	信秦反間，捕殺良將李牧
魏	秦王政二十二年	信秦反間，疏忌信陵君，國事遂不可爲
楚	秦王政二十四年	信張儀言，從約不堅；其後數敗於秦，但以遷都爲計
燕	秦王政二十五年	太子丹銜私怨，遣荊軻劫王，觸秦之怒
齊	秦王政二十六年	地遠久未受兵，其相后勝受秦金，勸王朝秦，不修戰備

昔林少穎言：「齊楚自恃其強，有并包燕趙韓魏之志而緩秦之禍；燕趙韓魏自懲其弱，有疑惡齊楚之心而脅秦之威。是以蘇秦之計阻，而張儀之志申也。」斯說也，亦近似之，爰附及焉。

第四章　先秦學

春秋戰國之世，爲我國文化發達時期。

_{論中夏文化必自春秋戰國始}　"先秦"一語，出《漢書·景十三王傳》。師古曰："先秦猶言秦先，謂未焚書之前。"蓋不止春秋戰國之世也。然春秋以前，政與學無二事；故一切學問，無派別之可言。今人以六藝爲孔氏之書，而古代則士夫所通習。故談我國文化發達之歷史，必自春秋戰國始。

古者學在王官，著述不出於私門。

_{政敎合一時代}　政敎合一之世，學術殆爲貴族所專有，此義章學誠《校讎通義》言之最詳。其略曰："古無文字，結繩之治，易之書契。聖人明其用曰：'百官以乂，萬民以察。'夫爲治爲察，所以宣幽隱，而達形名，蓋不得已而用之，其用足以若是焉斯可矣。理大物博，不可殫也，聖人爲之立官分守，而文字亦從而紀焉。有官斯有法，故法具於官；有法斯有書，故官守其書；有書斯有學，故師傳其學；有學斯有業，故弟子習其業。官守學業，皆出於

第四章　先秦學

一，故私門無著述文字。"

周室東遷，官司失守，其學乃散在四方。

章炳麟云："老聃、仲尼而上，學皆在官；老聃、仲尼而下，學皆在家人。"家人者，平民也。私人講學之風，由是大盛。其徒往往盈天下，雖或純或駁，而皆各得道之一體。逮至戰國，諸侯力政，時君世主，好惡殊方。諸家"各引一端，崇其所善，以此馳說，取合諸侯"（《漢書·藝文志》）。於是思想之解放，遂趨極致。而諸侯又咸以得士爲務，其待士又甚尊寵。如齊之稷下，學士數百人，皆命曰列大夫，高門大屋，不治而議論。孟軻所謂"處士橫議"，即指此而發。此先秦思想，所以極千巖萬壑之觀也。

私學之蠭起

據《七略》所陳，凡有十家。

《七略》者，劉向、劉歆父子爲漢典校祕書之所作也。班固作《漢書》，刪著於篇，爲《藝文志》；其中《諸子》一略，尤爲學術之中堅。

先秦學之中堅在諸子

今據其說而列表之。

十家表

十家	其學所出	特　色
儒　家	司徒之官	助人君，順陰陽，明教化
道　家	史官	歷記成敗存亡、禍福古今之道，然後知清虛以自守，卑弱以自持
陰陽家	羲和之官	敬順昊天曆象、日月星辰，敬授民時
法　家	理官	信賞必罰，以輔禮制

續 表

十 家	其學所出	特 色
名 家	禮 官	古者名位不同，禮亦異數。孔子曰："必也正名乎。"
墨 家	清廟之守	貴儉、兼愛、尚賢、右鬼、非命、尚同
縱橫家	行人之官	權事制宜，受命而不受辭
雜 家	議 官	兼儒墨，合名法，見王治之無不貫
農 家	農稷之官	播百穀，勸耕桑，以足衣食
小說家	稗 官	街談巷語，道聽塗說者之所造

然植根遠，壁壘固者，則端推道、儒、墨三家，餘皆導源於道家者也。

<small>十家巨擘在老、孔、墨</small>

夏曾佑云："諸子雖號十家，其真能成宗教者，老、孔、墨三家而已。而皆為師弟子，同導源於史官（詳下）。亦可見圖書之府之可貴也。然周秦之際之學術，出於周之史者，又不僅此三家。儒、道、墨、名、法，固已證其同源矣（說亦詳下）。若陰陽家，則老子未改以前之舊派也，此即周史之本質。縱橫家出於時勢之不得不然，初無待於師說。然鬼谷子、蘇秦、張儀並周人。而《鬼谷子》書，義兼道德，雜家號為調停，實皆以道家為主。農家傳書最少，然據許行之遺說以推之，亦近道家也。小說家即史之別體。是諸子十家之說，同出一原。"（按近人江瑔《讀子巵言》論此亦詳，可為參考，其要載《國學必讀》中）

道家之祖曰老子，其學以自隱、無名為

務，主放任而明自然，憤人情之澆薄，欲舉而返諸淳淳悶悶之世。

老子字聃，楚人，周守藏室之史也。見周之衰，乃遂去。至關，關令尹喜曰："子將隱矣，彊爲我著書。"於是老子乃著書上下篇，言道德之意五千餘言而去。其論治也，曰："大道廢，有仁義；智慧出，有大僞。"故曰："絕仁棄義，民復孝慈；絕聖棄智，民利百倍；絕巧棄利，盜賊無有。"謂治道之極，端在使民返於淳樸。故曰："小國寡民，使民有什伯之器而不用，使民重死而不遠徙。雖有舟輿，無所乘之；雖有甲兵，無所陳之；使民復結繩而用之。"其論道也，曰："天下萬物生於有，有生於無。"又曰："道常無爲，而無不爲。"謂："民之難治，以其上之有爲""是以聖人處無爲之事，行不言之教。"蓋世間一切文爲制度，老子無不視爲罪惡之源；摧滅一切，返乎無爲，則民乃相忘於自然。故司馬談曰："其術以虛無爲本，以因循爲用。"

老子之尙無爲

儒家之祖曰孔子，雖嘗師事老聃，而不肯抹殺一切；祖述堯舜，憲章文武，欲撥亂世而反之正，而於周禮尤兢兢焉。

孔子，魯人，少賤而甚好禮；長入周，問禮於老聃而嚴事焉。老聃精於禮，見末世之煩瑣、虛僞而非之，故其言憤激而不平。孔子則宗魯而尊周禮，特揭一"仁"字，以救末世拘僞之失，曰：

孔子之崇禮

"人而不仁，如禮何！人而不仁，如樂何！"何謂仁？含生之類，莫不有情。能立其本而善推之，則己立立人，己達達人，而天下治。治道之極，使人不獨親其親，不獨子其子，是謂大同。又見當時世卿專政，諸侯輕周，上下無序，以爲救僭無如隆禮，隆禮無如正名，於是標"君君臣臣父父子子"八字，以對時君之問，俾人能循名責實，以正秩序。蓋孔子救世之旨，在維持禮治主義，而反諸文武成康之治。以視諸家，殆最爲平實也。

旣不獲用於時，乃刪定六經，垂空文以自見。其功效之大，勢力之偉，二千年來莫與比也。

孔子與六經

孔子遍干諸侯，而諸侯方惡禮樂之害己，莫能用。魯以爲司寇，又不能久用之。孔子乃退而刪定六經：於《詩》，則取商周十五國之作，定爲三百十一篇；於《書》，則斷自唐虞，下迄秦穆，敍列爲百篇；於《禮》，則採《禮經》三百，斷從周代；於《樂》，則正其《雅》《頌》，使各得其所；於《易》則韋編三絕，作《十翼》以贊之；而正名定分，尤在《春秋》，以筆削定是非，文成數萬，其指數千。於是六經遂爲儒家所專有。

墨家之祖曰墨翟，其學主兼愛，能苦其身以先天下之急；惡禮治文勝之弊，則揭實用主義以矯革之。其人蓋與宗教家爲近。

墨子之貴用

墨翟，春秋時人，爲宋大夫，在孔子後（據汪中考定）。昔魯惠公請郊廟之禮於周王，王使史角往止之，其後在於魯墨子學焉，蓋亦淵源於史家也。其論道亦宗堯舜，而取舍不同乎儒，以實利爲主，故持彊本節用之說以尙儉。毀古之禮樂，生不歌，死不服，桐棺三寸而無槨，以爲法式。謂天下皆當自食其力，有餘力則以相勞，有餘財則以相分，摩頂放踵，利天下爲之。惟其兼愛，是以反對國家主義而倡非攻；惟其重實行，是以反對命定之說而倡非命。其於政治，則主張尙賢尙同，又著《非儒篇》，痛詆禮文之繁而無用。蓋救世與儒家同，而救世方法則異也。

及三人旣沒，傳其學者又生分別，故道家之別有法家。

戰國之時，蒙人莊周，著書十餘萬言，以明老子之術。於政治主在宥；於人生觀則一死生，齊萬物，忘是非；益之荒唐之言，無端崖之辭。其說實視老子爲尤激。趙人愼到，亦學黃老道德之術，著《愼子》書，棄智去己，泠汰於物，曰："塊不失道。"時法律思想已萌，愼到言治亂之術，以干世主，本無爲之敎，倡任法之說，實爲老學別派，遂衍爲後世之法家。鄭人申不害、韓公子非，俱治刑名法術之學，而歸本黃老，有書傳於後世云。〔道家支庶〕

儒家之別有孟、荀；而法家亦出於荀。

孔子旣沒，七十子之徒散遊諸侯，大者爲師傅卿相，小者友敎士大夫。戰國之世，天下並爭，儒〔儒家支庶〕

術乃絀；然齊魯之間，學者獨不廢也。鄒人孟軻，嘗受業子思之門人，道既通而困於齊梁，述仲尼之志，作《孟子》。趙人荀況，其學出於孔氏，生戰國末，三爲齊祭酒，作《荀子》。孟子道性善，故倡仁義以抑功利；荀子主性惡，故隆禮樂以勸夫學。兩宗雖殊，要皆儒者之言也。韓非亦嘗受學於荀子，然實集法家之大成，謂賢智不足恃，惟法足恃云。

墨家則同時又名家之開宗。

墨家支庶《墨子》"經上""經下"兩篇，專闡名理。墨子死後，墨者盈天下，其著者獨有禽滑釐，餘不可詳。其後學者有惠施、公孫龍一派，源出墨家，而好以詭辨求勝人。莊子譏之。二人之前有尹文，與主非攻之宋鈃同派，其學出於墨子，而尤主正名，謂定名分，則萬事不亂；又謂以名稽虛實，以法定禍亂，則墨家而兼名法者。今其書有《尹文子》云。

故道、儒、墨、名、法五家者，先秦學術之淵海也。

五家之說皆以爲治司馬談論六家要指，兼及陰陽。今不取者，以其學精湛不及五家，且去古已遠，禨祥之說，今所弗重也。若夫縱橫家，則傾危之士；農家僅主並耕，無他精義；雜家不過類書之屬；小說家更在九流之外，皆不足匹五家。且五家之說，皆所以爲治（司馬談語）。董仲舒亦云："道者所由，適於治之路也。"非但託之空言，此所以冠出諸家之上也。吾國儒先所論，泰半爲言治之書；寓閑寫心之制，恆不爲世之所重。此亦古代哲學之特色歟。

第五章　秦

　　秦起西荒，本無文化；自商鞅以功利爲治，其俗頗趨於刻薄。

　　秦在雍州，習於戎狄之教，父子無別，同室而居（商君語）。商鞅相秦，始稍革除，然棄禮教而任刑罰，輕辭讓而尙告訐，其弊極於刻薄寡恩。蓋刑之與禮，原皆不可獨任也。賈生疏云："商君遺禮義，棄仁恩，並力於進取，行之二歲，秦俗日敗。故秦人家富子壯則出分，家貧子壯則出贅。借父耰鋤，慮有德色；母取箕箒，立而誶語，抱哺其子，與公併倨；婦姑不相悅，則反脣而相稽。其慈子耆利，不同禽獸者，亡幾耳！"蓋亦必然之勢也。

　　始皇旣幷六王，建不世之業。其天性剛戾，習於法術，不主故常，於是始去王號而稱皇帝。

　　自周室陵遲，諸侯不奉朝命者三百餘年，至是天下始爲一統；即在周室以前，羣后分立視此亦不及。故馮劫、李斯稱之曰："昔者五帝地方千里，其外侯服夷服，諸侯或朝或否，天下不能制。今海

秦治之失

始皇一統乃空前大業

內爲郡縣，法令由一統，自上古以來未嘗有，五帝所不及。"此非夸也，蓋眞非古之共主所能及也。始皇爲人，剛戾自用，盧生所論，誠爲確贊。其國濡染周化甚少，而受商君思想之漸染者深，故諸所改作，不主故常。三代受命者皆稱王，始皇則先代固已爲王矣，故采上古帝位號，號曰皇帝；自稱曰朕，命爲制，令爲詔焉。

繼乃廢封建而置郡縣，齊一法制，銷除亂萌。

罷侯置守之治

商君治秦，已幷諸小鄉聚，集爲一縣。縣置令丞，凡三十一縣。始皇起諸侯，幷天下，深悉封建之弊；於時有請立諸子爲王者，始皇下其議，惟李斯不謂然。始皇曰："天下共苦戰鬭，以有侯王（經驗語）。賴宗廟，天下初定，又復立國，是樹兵也。而求其寧息，豈不難哉？"於是分天下爲三十六郡，郡置守尉監；旋收天下兵，聚之咸陽（秦都），銷以爲鐘鐻金人；一法度，衡石、丈尺（按孝公時已有平斗桶、權衡、丈尺之事），車同軌，書同文；字（《說文》序云：罷其不與秦文合者）；設官分職，一皆去周而從秦（參見《漢書·百官表》）。蓋一國之制，至是始擴爲一代之制，此誠開闢以來之大改革也。

按罷侯置守，爲國史一大事跡，後世因革不同，然郡縣之制遂不能廢，此眞政治上一進化也。後世或有譏議之者，然其患非生於郡縣。故柳宗元曰："秦有叛民而無叛吏，漢有叛國而無叛郡，唐有叛將而無叛州。"誠名論也。

　　時異族爲中國患者，獨有匈奴；南方嶺表，亦未受化。始皇則北築長城，收河南地。

　　初，天下冠帶之國七，而三國邊於戎狄，秦、趙、燕是也。秦滅義渠，始於隴西北地上郡（今陝西北部、甘肅及寧夏東部），築長城以距胡。趙武靈王北破林胡樓煩，築長城，自代（今山西北部）並陰山，下至高闕（今，未詳）爲塞。燕却東胡，亦築長城，自造陽（今察哈爾東南部）至襄平（在今遼寧境）。及戰國之末，而匈奴始大。始皇三十二年，始遣將軍蒙恬發兵三十萬，北伐匈奴。蒙恬斥逐匈奴，收河南地（今河套地），爲四十四縣；築長城，因地形用制險塞，起臨洮至遼東，延袤萬餘里（其中因諸國之舊者不少）。於是渡河，據陽山，逶迤而北，暴師於外十餘年。蒙恬常居上郡統治之，威振匈奴。

　　更南取南越，悉置郡縣。中夏土宇，視前爲廓矣。

　　今浙江、福建、兩廣之地，古皆蠻夷國：浙江爲越國，句踐嘗用其衆以稱伯；福建古爲七國，後亦屬句踐，稱閩越；兩廣古稱南越，亦曰蠻越，吳起相楚，嘗有其地。凡此種類不一，又總稱百越。始皇旣命王翦定荊江南地，置會稽郡（今之兩浙）。三十三年，更發兵略取南越陸梁地，置南海（今廣

戰國備戎之迹

秦之北拓

秦之南拓

東)、桂林（今廣西）、象郡（今兩廣南部及安南）。徙民五十萬人戍五嶺，與越雜處。其後又奪越王無諸地（句踐後），置閩中郡（今之福建）。於是天下共爲四十郡。史稱其地東至海暨北韓，西至臨洮（今甘肅岷縣）羌中，南至北嚮戶（今安南），北據河爲塞，並陰山至遼東，蓋秦代之疆域如此。

始皇又慮天下之議己也，於是有焚書坑儒之舉，以愚其民。

秦時學派之屈伸　　專制人主，任私自用，故輿論爲最所忌。是時，先秦學派，衰落過半。李斯宗申、韓，是爲法家，爲政府黨。魯人誦法孔子，其徒爲儒生，官博士者七十人，皆備員弗用（亦盧生語）。燕齊之人祖鄒衍，其流爲方士迂怪之徒；始皇惑於神仙，頗尊信之。三十四年，始皇置酒咸陽宮，博士七十人前爲壽。淳于越（亦博士）請行封建，丞相李斯曰：＂越言乃三代之事，何足法也。異時諸侯並爭，厚招游學。今天下已定，法令出一。百姓當家則力農工，士則學習法令闢禁（二語爲秦民天職所在）。今諸生不師今而學古，聞令下則各以所學議之。如此不禁，則主勢降乎上，黨與成乎下，禁之便。

杜異政策一（焚書）　　臣請：

（1）史官非秦紀，皆燒之。

（2）非博士官所職，天下敢有藏《詩》《書》、百家語者，悉詣守尉雜燒之。

（3）有敢偶語《詩》《書》，棄市；以古非今者，族。

（4）所不去者，醫藥、卜筮、種樹之書。

（5）若有欲學法令者，以吏爲師。"

始皇從其議，是爲焚書之事（按：《史記·六國表序》云："秦旣得意，燒天下《詩》《書》，諸侯史記尤甚，爲其有所刺譏也。"始皇焚書之旨，讀此益明）。

三十五年，侯生、盧生（皆方士）相與譏議始皇，因亡去。始皇怒曰："盧生等，吾尊賜之甚厚，今乃誹謗我。諸生在咸陽者，吾使人廉問，或爲妖言以亂黔首。"於是使御史悉案問諸生，諸生轉相告引；乃自除犯禁者四百六十餘人，皆阬之咸陽，以懲後。蓋即上文所謂"以古非今"也。是爲阬儒之事。

杜異政策二（阬儒）

重以土木繁興，巡游無度，而持法又極嚴刻，天下皆重足而立。

始皇三十五年，營阿房宮於咸陽，東西五百步，南北五十丈，周馳爲閣道；其上建複道，渡渭而屬之咸陽，隱宮徒刑者七十萬人。又分作離宫——關中三百，關外四百餘——東封泰山，禪梁父。又作琅邪臺，南至衡山；又至雲夢，巡遊無虛日。專任獄吏，以刑殺爲威。事無大小，皆決於上。上至以衡石量書，日夜有程，不中程不得休息。秦法本嚴，如夷三族等法，皆始於秦。始皇又恐天下心非巷議，更作誹謗妖言法。由是天下畏罪

秦以苛役嚴法失天下心

惜身，莫敢盡忠。主日驕謾，民日怨懟，秦失天下，此其總因。

二世繼之，不能矯前人之失，又加厲焉。

二世以不改前度召亂　　始皇東巡狩，崩於沙丘（今河北邢臺縣境）。少子胡亥立，稱二世皇帝。宦者趙高，夙通獄法，嘗教胡亥決獄。二世既立，趙高大用事，教二世爲佚樂，以嚴法誅滅舊臣及宗室；相染逮者，不可勝數。葬始皇於驪山，窮極侈虐；復作阿房宮，狗馬禽獸當飼者多，咸陽三百里內不得食其穀。賦斂愈重，戍徭無已，於是人民嗟怨，豪傑並作。

於是陳涉首難，項羽、劉邦繼起，合六國之後以叛秦。

豪桀亡秦　　二世元年七月，戍卒陳勝（字涉）起兵於蘄，（今安徽宿縣），稱楚王。二世遣章邯擊破之，勝爲其下所殺。而四方豪傑，雲集響應，最著者推項梁、劉邦。梁從范增計，以匹夫起兵無名，求得楚懷王孫心於民間而輔之，都於盱眙（今縣屬安徽）。

託名舉事之始　　仍號懷王，以從民望；又立他五國之後，以共擊秦，而皆統於楚王焉。茲摘要列表如下：

楚系諸將表

楚懷王心 ┬ 武信君項梁、神將項羽（梁兄子）
　　　　├ 沛公劉邦
　　　　└ 魏王咎、燕王韓廣（趙將）、齊王儋、趙王歇、韓王成

未幾，沛公至霸上，秦王子嬰遂出降。

沛公入關　　既而章邯破魏，魏王、齊王皆死。又擊殺項梁，北圍趙王於鉅鹿。懷王恐，自盱眙遷彭城（今

江蘇銅山縣），與諸將約曰："先入關者王之。"既而遣沛公西入關，遣項羽北破趙。羽引兵渡河，大破章邯軍於鉅鹿。邯降楚，河北平。劉邦則從武關西入秦。是時，趙高益持權，既讒殺李斯，旋弒二世，立公子嬰，去號稱王。子嬰計誅趙高，立四十六日，而沛公軍已至霸上（今陝西省長安縣東）。子嬰遂繫頸以組，降軹道旁。十五年一統之局，至是而分。

而咸陽一炬，典籍盡焉，斯則項羽之罪也。

項羽已定河北，亟引兵入函谷關，遂西屠咸陽，殺秦降王子嬰，燒秦宮室，火三月不滅。先是沛公入咸陽，蕭何嘗收秦丞相府圖籍藏之，以此得具知天下阸塞、戶口多少、彊弱之處；而不言收博士官所藏之書。故胡三省論之曰："秦之焚書，焚天下之人所藏之書耳。其博士官所藏則故在。項羽燒秦宮室，始並博士所藏者焚之，此所以後之學者咎蕭何不能於收秦圖書之日併收之也。"此論至今已成定案，故摧壞我國先秦典籍者，項羽與始皇共之。　　　　　　　　　　　　焚書之禍再作

自後羽遂放逐懷王，號令自擅，爲天下宰；

項羽既燒咸陽，收其寶貨、婦女而東，尋使人致命懷王。懷王曰："如約。"羽怒，陽尊懷王爲義帝，徙之郴（今縣屬湖南）；乃分天下，王諸將，而自立爲西楚霸王，都彭城。其所封諸國表如下：　　　　　　　　　　　　　名義之破

名義之破

項系封國表　　西楚霸王項羽┬由楚分者─衡山王吳芮、九江王英布、臨江王共敖
　　　　　　　　　　　　　├由趙分者─常山王張耳、代王趙歇
　　　　　　　　　　　　　├由齊分者─齊王田都、濟北王田安、膠東王田巿
　　　　　　　　　　　　　├由燕分者─燕王臧荼、遼東王韓廣
　　　　　　　　　　　　　├由魏分者─西魏王豹、殷王司馬卬
　　　　　　　　　　　　　├由韓分者─韓王成、河南王申陽
　　　　　　　　　　　　　└由秦分者┬漢王劉邦（王巴蜀、漢中）
　　　　　　　　　　　　　　　　　　└雍王章邯、塞王司馬欣、翟王董翳（三秦）

　　然不若劉邦能得士，相持五年，終於敗死。天下始又一統於漢焉。

劉邦以智算勘楚　　未幾，漢得韓信爲大將，還定三秦。張良亦自韓來歸，爲畫策臣。旋聞項羽使人弒義帝於江中，遂東討羽，以諸侯兵入彭城。羽自齊還擊，大破漢軍。漢王西奔，守滎陽（今河南滎澤縣）、成皋（今河南汜水縣），與楚拒。而是時韓信已定河北，破齊、趙。楚梁地又爲彭越所擾，兵少食盡，乃與漢約，中分天下於鴻溝（今名汴河，在河南中牟縣），引兵東歸。漢用張良、陳平計，破約追擊之，破之垓下（在今安徽靈璧縣南）。羽潰圍南走，至烏江（津名，今安徽和縣南），自刎死。諸侯王之存者皆尊漢。漢王遂卽帝位於洛陽，旋從婁敬說，都關中，是爲漢高祖。是時距秦亡已五年矣。

第六章　漢政術（上）

漢高祖雖以布衣踐天子位，開前此之變局，自黃、農以降，布衣爲帝者極鮮。大抵皆名王之後，積善累功，久乃陟位。今陳涉首事，亂者飆發，乃其人不過甕牖繩樞之子、甿隸之人、遷徙之徒。他響應者，亦復如是。項王雖以六國之後號召於時，而卒踐帝阼者，乃爲一貧而無行之泗上亭長。故太史公序《秦楚之際》曰："王跡之興，起於閭巷。"斯亦三代後取天下者之一變局已。

匹夫取天下之初局

然其人實無學問，一切政制，師倣前秦，並未能悉得其精意。

高祖爲人，《史記》稱其："不事家人生產作業，爲泗水亭長，廷中吏無所不狎侮，好酒及色。"又不好儒，爲沛公時，"諸客冠儒冠來者，沛公輒解其冠，溲溺其中。"蓋一豁蕩無行之俗吏而已。其取天下也，所用類皆斬將搴旗之士，而通達治體者絕鮮。故所設施，皆襲秦故。卽以刑、禮二端言，已不能卓立一代之制度。觀於下表而可知也。

漢政之襲秦故

漢制因秦得失表

項	秦制精神	漢初暫行辦法	一統後之創制	流　弊
刑	專任獄吏，以刑殺爲威	與父老約法三章：一、殺人者死；二、傷人及盜抵罪；餘悉除去秦法	命故沛掾蕭何，攟摭秦法，造律九章。凡挾書律、三族罪、妖言令等，均未蠲除。至惠帝高后始除之，猶未盡	其後景、武諸帝，皆以用法嚴急爲務，遂成漢家治術之根本
禮	秦有天下，悉內六國禮儀，采擇其尊君抑臣者存之	悉去秦苛儀法爲簡易	命秦博士叔孫通制漢儀十二篇。通自言：探古禮與秦儀雜就之。其實大抵皆襲秦故。自天子稱號，下至諸官名，少所變改	儀節繁苛，而禮意浸失

自知起於布衣，憚功臣圖己，則與呂后一意翦滅之。謬謂秦亡由罷封建，則大封同姓子弟爲王，遂胎外重內輕之漸；

異姓王之誅

時天下初定，異姓王尙有數國，而楚王韓信功最高。帝患其強大，以計擒之，降爲淮陰侯。未幾，代將陳豨反。有告信與豨通者，呂后與蕭何謀，紿信入朝，斬之於未央宮。梁王彭越、淮南王英布，俱有破楚功。高祖信呂后言，殺彭越，醢其肉以賜諸侯。英布見醢，怒發兵反。帝擊平之，布走，死。於是韓、趙、燕諸異姓王，亦夾第遭夷

封建之復

第六章　漢政術（上）

滅。帝乃悉收其地，懲於亡秦孤立之敗，廣封同姓爲大藩。定令曰："非劉氏而王者，若無功上所不置而侯者，天下共誅之。"於是同姓爲王者九國（齊、楚、荊、淮南、燕、趙、梁、代、淮陽是也），惟長沙爲異姓（吳芮）；大者或五六郡，連城數十，宮室百官，同制京師。漢獨有十五郡，而公主、列侯，猶頗食邑其中。蓋矯枉而過其正矣。

身死而外戚禍作，幾覆漢祚，非不幸也。

呂后性陰鷙，高祖微時婦，惠帝母也；嘗佐高祖攻苦食淡（叔孫通語）以得天下，故高祖優假之，干政最早。惠帝卽位，病不視事，乃握大權。惠帝崩，遂以太后臨朝稱制。諸呂皆封王，在朝用事。未幾後崩，使呂產、呂祿將南北軍（南軍掌宮門衛屯兵，北軍掌徼循京師）。諸呂欲爲變，太尉周勃、丞相陳平誅產、祿等，迎立惠帝弟代王恆爲天子，是爲文帝。自漢以前，有因女寵亡國之君，而無外戚擅權之事；有之，自呂后始也。〔漢外戚之禍自呂后時始〕

西漢諸主，學問最高者，當推文帝。當戰鬭初息之後，因民之慾，鎮以無爲；家給人足，風俗最淳。

初，曹參爲齊相，聞蓋公之賢，厚幣請見之。蓋公爲言，治道貴清靜，而民自定。參具得其術，齊國安集。於是道家之言，始用於治國。參後爲相國，舉事無所變更，一遵何約束；擇重厚長者爲丞〔漢治異秦在任道家〕

相史，而去其言文刻深欲務聲名者；承亡秦罔密文峻之餘，而鎭以淸靜不擾。蓋自惠帝之朝，卽已如是，是以衣食滋殖，刑罰用希。及文帝卽位，帝本好黃帝、老子之言（黃老連稱，始於此時），故躬修玄默，加之以恭儉。而將相皆舊功臣，少文多質（按：如陳平則好道家言，周勃則厚重少文等）。懲惡亡秦之政，論議務在寬厚，恥言人之過失。化行天下，告訐之俗易，吏安其官，民樂其業，畜積歲增，戶口寖息，風流篤厚，禁罔疏闊。選張釋之爲廷尉，罪疑者予民，是以刑罰大省，至於斷獄四百。蓋漢之所以師秦，而終不至爲秦漢者，由文帝也。

景帝繼之，以名法爲治，平七國之亂，而外重之局始衰。

文帝優容同姓與賈誼

文帝之時，政尙寬容，同姓諸侯漸多驕恣。淮南王長（文帝之弟）自作法令，置相其國。帝曲徇之，卒以謀反，廢死於蜀。吳王濞（高祖兄子）招致郡國亡命，採豫章之銅以鑄錢，煮海水爲鹽，頗不循漢法。其子朝京師，爲太子所戲殺，怨而不朝，帝賜几杖以安之。梁太傅賈誼言："欲天下之治安，莫如衆建諸侯而少其力。今天下大勢，方病大瘇，一脛之大幾如要，一指之大幾如股；失今不治，必爲錮疾。"時諸侯齊最大，帝乃分其國爲六（齊、濟北、濟南、淄川、城陽、膠東、膠西），少分其勢，從賈生言也。

第六章　漢政術（上）

景帝天資刻薄，不及文帝，然以竇太后（文帝后）好道家言，故亦頗治黃老之書。爲太子時，穎川鼂錯，以治申、商得幸；及卽位，錯累遷爲御史大夫，疏言吳謀反狀，說帝削分其地，且曰：“今削之，亦反；不削，亦反。削之，其反亟，禍小；不削，反遲，禍大。”帝乃稍奪諸侯地。吳王濞恐削地無已，遂約楚王戊、趙王遂、膠西王卬、膠東王雄渠、淄川王賢、濟南王辟光，皆舉兵反，以誅錯爲名。帝乃拜周亞夫爲太尉，將兵伐吳楚；尋從袁盎言，斬錯以諭吳。吳不奉詔，亞夫大破吳楚兵，諸叛悉平。景帝懲七國之亂，於是始務抑損諸侯王，不得自治民、補吏；令內史治之，滅黜其百官。又留列侯於京師，不使就國。諸侯漸衰。

武帝踵而行之，益摧抑諸侯王；漢之封建，遂名存而實亡矣。

武帝抑損諸侯王，其政策約有四，如下：

（1）下推恩之令，使諸侯王得分戶邑以封子弟，不行黜陟，而藩國自析。

（2）作左官之律，凡仕於諸侯爲左官者禁之。

（3）設附益之法，凡背正法而厚於私家者禁之。

（4）以酎金（諸侯歲獻黃金助祭宗廟之謂）裁同姓，以刑辟繩異姓，奪爵失國者極多。故武帝之世，異姓諸侯僅存四人；同姓諸侯，亦以分析而勢弱，惟得衣食稅租，不與政事。至於哀平之際，

文景之異及七國之亂

景武以後馭同姓法

49

皆繼體苗裔，親屬疏遠；生於帷牆之中，不爲士民所尊，與富室無異矣。

帝資性非常，爲治不拘一格，卽位之始，頗尊用儒生；

<small>武帝崇文學</small>

文、景喜刑名之言，諸博士雖設其官，未有進者。武帝卽位，武安君田蚡以后族爲丞相，頗好儒，黜黃老刑名百家之言，延文學儒者以百數。廣川董仲舒以賢良對策，請推明孔氏、抑黜百家，帝悉從之。於是申公以耆儒徵，而公孫弘以治《春秋》，布衣而爲丞相。其間崇儒之政，史不一書。舉其要者，如下所列：

（1）詔丞相御史及郡國，舉賢良方正、直言極諫之士，親策問之。

（2）令郡國舉孝廉各一人；不舉者，免其職。

（3）爲博士官置弟子五十人，復其身，第其高下，以補郎中文學掌故；卽有秀才異等，輒以名聞。

（4）凡吏通一藝以上者，皆選擇以補右職（右職謂中二千石、二千石之卒史）。

（5）始復用夏正，以正月爲歲首（稱太初歷）。

而用法則多祖嬴政，而以儒術文飾之。一時刑罰，頗傷深刻；

<small>武帝外儒內法之治</small>

武帝雖好儒，而不能盡其用；其用公孫弘也，

第六章 漢政術（上）

特以爲人敦厚，習文法吏事，又能緣飾以儒術，故悅而任之。張湯爲廷尉，知帝方嚮文學，凡決大獄，必傅古義，造請諸公，不避寒暑，以故君相皆稱其能。時漢胡久事干戈（詳下），徵發煩數，百姓貧耗，往往犯法。帝乃命張湯、趙禹等，條定法令，作見知故縱監臨部主之法，緩深故之罪，急縱出之誅。其後奸猾犯法，轉相比況，禁罔寖密，文書盈於几閣，典者不能徧睹；姦吏因緣爲市，所欲活則傅生議，所欲陷則予死比，議者咸冤傷之。

重以名器濫予，吏道猥雜，尤無可稱。

漢初極重二千石之選。文景之世，屢詔察吏二千石者，郡守及諸侯相之官，有紀綱人倫、率身化下之責者也（見史）。武帝時，用兵匈奴，兵甲轉漕賞賚之費不貲。大司農經用竭，不足奉戰士，於是帝詔令民，得買爵及贖禁錮、免臧罪；置賞官名曰武功爵，級七十萬，凡直三十餘萬金。諸買武功爵至千夫（爵之第七級）者，得先除爲吏。吏道雜而多端，官職始耗廢。而帝既專用酷吏，郡國爲治者益多酷暴，東方盜賊滋起；主者懼得罪，不敢言，盜賊益多。蓋終帝之世，無吏治可言焉。

武帝壞吏治

漢法，天子而下，三公之職最崇，而庶政掌於九卿。

三公者，丞相、太尉、御史大夫也。丞相承天子助理萬機，太尉掌武事，御史大夫掌副丞相，秩皆萬石。凡國有大造大疑，則三公通而論之；國有

三公九卿

過事，則三公通諫爭之。位高責重，無與抗行。其下分司庶政，則有九卿：曰太常，掌宗廟禮儀；曰光祿勳，掌宮殿掖門戶；曰衛尉，掌宮門尉屯兵；曰太僕，掌輿馬；曰廷尉，掌刑辟；曰大鴻臚，掌諸歸義蠻夷；曰宗正，掌親屬；曰大司農，掌穀貨（國家經費）；曰少府，掌山海池澤之稅以給共養（皇室經費）；秩皆中二千石。此漢代中央官制之大綱也。

武帝以宦者典樞機，又別置大將軍。宣帝踵爲之，由是三公之權始絀。

武宣絀三公

專制人主，以置相爲不便，恆假手於其親暱。漢時宮中之官，屬於少府，其要者有下列諸員：

漢世少府屬官表

官名	秩	員額	職掌	附註
侍中	比二千石	無員	侍左右贊導衆事、顧問應對	不常居禁中
中常侍	千石	無員	侍左右從入內宮，贊導內衆事，應對給事	宦者
黃門侍郎	六百石	無員	侍從左右給事中，關通內外	
小黃門	六百石	無員	侍左右，受尚書事	宦者
黃門令	六百石	一人	主省中諸宦者	宦者
尚書令	千石	一人	掌凡選署及奏下尚書曹文書衆事	
尚書僕射	六百石	一人	署尚書事，令不在則奏下衆事	
尚書	六百石	六人	分曹治事	
侍郎	四百石	三十六人	分隸各曹王作文書起草	

第六章　漢政術（上）

上所列者，其職不過侍從奔走記注之事，定例不限宦者，亦多參用士人。武帝既親攬庶政，分丞相之權，然御史大夫猶能平決郡國事。帝復以宦者爲尙書令，更名中書謁者令，居中受事，詔書直下郡國，而御史大夫之權亦輕。旋罷太尉，置大司馬大將軍，領尙書事，於是舊制全非矣。宣帝時，中書令弘恭、僕射石顯，皆以宦者久典樞機，明習文法。丞相、御史，充位而已。

蓋其遠儒生，屬刑獄，本與武帝同；

初，武帝崩，大將軍霍光受遺詔輔昭帝，承武帝用兵之後，務與百姓休息。顧在位未久而崩，昌邑王賀（武帝孫）立，淫戲無度。光以太后詔廢之，而立武帝故太子據之孫，是爲宣帝。宣帝初卽位，廷尉史路溫舒上書，請尙德緩刑，謂："秦有十失，其一尙存，治獄之吏是也。"然帝不能用，頗用刑法，任中書官。司隸校尉蓋寬饒奏封事曰："方今聖道浸微，儒術不行，以刑餘爲周召（謂中官），以法律爲《詩》《書》。"帝怒其譏切，下吏死。元帝爲太子，嘗侍燕，從容言："陛下持刑太深，宜用儒生。"帝作色曰："漢家自有制度，本以霸王道雜之。奈何純任德教，用周政乎？"

惟講求吏治，綜核名實，則武帝所不及爾。

宣帝興於閭閻，知民事之艱難，卽位之始，大政一決於霍光；及光卒，始親政事，厲精爲治，五日一聽事。自丞相以下，各奉職奏事，敷奏其言，

尙書中書

宣帝任法之治

中興吏治

考試功能。侍中尙書，功勞當遷，及有異言，厚加賞賜。拜刺史守相，輒親見問，觀其所由；退而考察所行，以質其言。有名實不相應，必知其所以然。常稱曰："庶民所以安其田里，而亡歎息愁恨之心者，政平訟理也。與我共此者，其唯良二千石乎！"以爲太守吏民之本，數變易則下不安；民知其將久，不可欺罔，乃服從其教化。故二千石有治理效，輒以璽書勉勵，增秩賜金，或爵至關內侯；公卿缺，則選諸所表，以次用之。是以漢世良吏，於是爲盛，稱中興焉。

而外戚自成帝以後，因人主昏柔，世執國政，至於王莽，遂移漢祚焉。

外戚亡西漢　元帝時，宦者弘恭、石顯讒殺大臣蕭望之等，帝優柔不能制，漢政始衰。成帝黜石顯等，而以元舅王鳳爲大司馬大將軍，位三公上，外戚始專政。王氏封侯者五人，分據要津，守相、刺史，皆出其門。鳳死，王商、王根相繼執政。王根薦兄子莽自代。五侯子奢靡，莽自始卽折節爲恭儉，虛譽隆洽，傾其諸父。成帝崩，再傳至平帝，太皇太后王氏委政於莽，又以莽女爲帝后。莽動引經義，以文其奸。羣臣盛陳功德，比於周公；吏民上書頌者，至四十八萬餘人。莽遂弑平帝，立孺子嬰，自稱假皇帝。又三年，遂覆漢自立，改國號曰"新"。西漢凡二百十年。

第七章　漢政術（下）生計附

新莽卽眞，秕政多有，盜賊紛作。

王莽十五年之中，非無政治可言，然好更易制度，而傅以六經之說；謂制定則天下自平，公卿旦入暮出，議論連年不決。而所行者，又往往蹈與民爭利之失（詳本節末）。故流弊叢生：　　　新室政敝之由

（1）專意制作，不暇省獄訟，縣宰缺者數年，守兼一切，貪殘日甚。

（2）制度未定，吏皆不得祿，藉賕賂以自給。

（3）自以前專權得漢政，故務自攬衆事，有司受成苟免；吏民上封書，宦官左右開發，尙書不得知。

（4）法令煩苛，民搖手觸禁，不得耕桑。

重以旱蝗相因，貧者無以自存，又積怨日深，於是並起爲盜賊，依阻山澤。吏不能禁，因而覆蔽之，浸淫日廣。

光武因人心思漢，遂興兵翦滅羣盜，光復舊物，是爲東漢。

光武之興　　　　　光武帝劉秀，漢景帝五世孫。時王莽末年，所在盜起。綠林（山名，在今湖北當陽縣）之盜，有入南陽（今縣屬河南，光武所居）者，號新市兵。光武與兄縯起兵與之合，共立宗室劉玄爲帝，號更始。昆陽（今河南葉縣）之戰，大敗莽軍，關中豪傑應之，相率入長安殺莽。更始都長安，命光武出徇河北，光武遂即帝位於鄗（今河北高邑縣）。既而赤眉賊樊崇入長安，降更始而旋殺之。光武使馮異擊平赤眉，海內割據者，次第平定。是時長安遭赤眉之厄，宮室、市里、園陵之類，焚掘爲虛。帝乃定都洛陽，史家遂號爲東漢云。

光武與高祖　　　史家稱其恢廓大度，同符高祖；實則帝之所爲，過高祖遠甚。

高、光對勘表如下：

高光對勘表

高祖	光武
起家亭長，未嘗學問，賤視儒生，謂馬上得天下，安用《詩》《書》	少通《尙書》大義。天下既定，偃武修文，數引公卿郎將，講論經理，夜分乃寐
猜忌功臣，異姓王侯誅戮殆盡	思完功臣爵士，不令以吏職爲過，左右將軍官、諸將皆以列侯就第，故能保其功名，無誅譴者
遇臣下不以禮，好顚倒挫辱之。故西漢士氣卑靡，多曲學阿世之風	留心氣節之士，優禮處士嚴光、周黨以遂其志。故東京士夫，氣節矯然

蓋高祖原一市井無賴，光武則有儒者氣象焉，此所以超勝乃祖也。

第七章　漢政術（下）

惟漢世最重三公，而光武則以尚書參樞要，漢之官制始變於昔矣。

自武帝用宦者爲中書謁者令，三公之權始絀。成帝改用士人，仍稱尚書令。東漢以太尉、司徒（舊之丞相）、司空（舊之御史大夫）爲三公。光武躬親吏事，凡出納王命，悉以尚書爲之喉舌，而銓選百官，尤其專司。故仲長統曰："光武皇帝憤數世之失權，忿強臣之竊命，矯枉過直，政不任下，雖置三公，事歸臺閣（臺閣謂尚書）。自此以來，三公之職，備員而已。"蓋近習易親，大臣易疏，其勢如此。《通考》謂曹操爲漢相，大權一出於私門，三公之官，擇老病不任事、依違不侵權者任之。可知東漢三公，每降而愈絀矣。

和帝以後，宦官遂與外戚更迭爲姦，以竊威柄；而宦官之禍尤烈。

光武崩，明、章二帝相繼在位，稱守成之令主，爲東漢治世。和帝立，年幼，竇太后臨朝，兄憲用事，勢傾朝廷。帝與宦者鄭衆謀誅憲，以爲大長秋，封鄛鄉侯，是爲宦官擅政之始。和帝崩，鄧后立殤帝，生始百餘日。后臨朝，自以女主不接公卿，益任用奄人，通命兩宮，宦者權益重。殤帝崩，后又與兄騭定策禁中，迎安帝即位，年僅十三。后利其孩稚，臨朝如前。鄧太后崩，帝用宦者言，逼鄧騭自殺。自是以後，遂成外戚、宦官起仆

東漢三公之益絀

宦官亂政

之局。而是時三公有持正者，輒假災異策免之（自太尉徐防始），宰相遂益成備員。自桓帝用中常侍單超等斃梁氏（外戚），天下大權，悉歸宦者。超卒以後，四侯（左悺、徐璜、具瑗、唐衡，皆宦者）轉橫，置北寺獄，刑殺在其手；兄弟姻戚，宰州臨郡，荼毒百姓，與盜無異。

然以光武盛倡氣節之故，朝政日非，而風俗日美。於是名士、宦官，相搏戰於桓帝之朝。不幸黨禍興，名士敗，漢之天下遂不可為。

東漢士氣與黨獄

桓帝時，名士李膺、陳蕃、范滂等，競揚氣節，指斥宦官。太學諸生三萬餘人，郭泰、賈彪為之冠，與膺等更相褒重。於是中外承風，競以臧否相尚；公卿以下，莫不畏其貶議；宦者尤疾之。會宦黨張成教子殺人，李膺為司隸校尉，捕成，殺之。於是宦者乃教成弟子牢修上書，言膺等養太學遊士，交結諸郡生徒，更相驅馳，共為部黨，誹訕朝廷，疑亂風俗。帝怒，捕黨人，下北寺獄；辭所連及，凡數百人，皆海內人望。曠年拘錄，事無效驗。明年，以皇后父竇武之請，乃赦黨人歸田里，禁錮終身。未幾，桓帝崩，靈帝立，竇武為大將軍，徵天下名賢——如陳蕃、李膺等——皆參政事。時中常侍曹節、王甫見信於太后，蕃、武謀誅之，事洩；節等誣以大逆，殺蕃、武，遂大治鉤黨，殺李膺等百餘人。其死徙廢禁者，又六七百人。此實正士、小人消長之關鍵，史稱"黨錮之禍"。

靈帝繼之，政治貪濁，中央失其重心，所在盜起。

是時宦官大用事，公卿尸祿，莫敢盡忠。靈帝性貪鄙，與宦官謀，初開西邸賣官：二千石二千萬，四百石四百萬；富者先入錢，貧者到官，然後倍輸。又私令左右賣公卿：公千萬，卿五百萬，凡刺史二千石，及孝廉、茂才（即秀才），遷除者皆責修宮錢，大郡至二三千萬。當之官者，皆先至西園諧價，然後得去；其廉隅者，乞不之官，皆迫遣之。吏治大壞。而曹節、王甫等權扇中外，兄弟父子，爲卿校牧守令長者，佈滿天下，所在尤貪橫。百姓冤無可訴，遂聚爲盜。最劇者如鉅鹿張角，以妖術教授，號太平道，衆數十萬，一時俱起，世謂黃巾賊。帝遣朱雋、皇甫嵩討平之。

宦官壞吏治

初，漢之地方官吏，爲三級制，州刺史但主察吏，權尊而秩卑，故無尾大不掉之患。

兩漢地方官制

兩漢地方官制表：

官制表

級	官名	秩	職掌
第一級	司隸校尉	比二千石	持節掌察舉百官以下，及京師近郡犯者
	十二州刺史	六百石	奉詔條察二千石治狀，黜陟能否

續　表

級	官名	秩	職掌
第二級	郡太守	二千石	掌治其郡
第二級	國相	二千石	初諸國以內史治民，成帝省內史，使相治民，與太守無異
第三級	縣令	千石至六百石	掌治其縣。萬戶以上爲令，減萬戶爲長
第三級	縣長	五百石至三百石	

至是以寇盜紛起，改刺史爲州牧，而州任始重。迨何進召董卓誅宦官，方鎮以討卓而相攻，天下遂分裂。於是曹操挾天子以爲資，而漢祚旋傾矣。

東漢之亡　　黃巾之起也，太常劉焉建議，以爲四方兵寇，由刺史威輕，宜改置州牧，選重臣任之。靈帝從其言，增秩爲二千石，州任之重自此始。漢經羌胡之亂，天下精兵猛士，恆聚涼州，而董卓實爲魁帥。靈帝崩，少帝立，何太后兄進爲大將軍，謀誅宦官。司隸校尉袁紹勸進召卓入朝，以脅太后。卓未至，宦者知其謀，襲殺何進。袁紹勒兵捕諸宦官，無少長皆誅之。董卓引兵入都，廢少帝，立獻帝，殺何太后，專權自恣。袁紹爭之不得，遂奔冀州，糾合山東牧伯以討之，不勝而罷。然自是各州郡始多不服中央。卓遷獻帝於長安。卓死，帝東還洛。曹操從荀彧計，奉帝都許，以令諸侯。旋罷三公官，自爲丞相。由是天下總己，百官備員而已。至子丕嗣爲魏王，未久遂篡漢自立。東漢凡百九十七年。

第七章　漢政術（下）

漢興，民近戰國，皆背農趨商，衣食常不足。

初，秦當變法之始，頗重耕作，國賴以富。始皇內興功作，外攘夷狄，收泰半之賦，發閭左之戍；男子力耕不足糧饟，女子紡績不足衣服，民乃重困。漢興，諸侯並作，民失作業而大饑饉；凡米石五千，人相食，死者過半。於是遊食之徒，咸棄農而務工商，生產消費，益不相準。逐利之民，操其奇贏，乘人之急，物價倍蹢，無農夫之苦，有千百之得。猝遇年飢，流亡甚眾，皆農民也。 　　*秦漢間之人民生計*

自高祖以後，迭行重農抑商之政。

漢初經濟政策之見於史者，大概如下（自高祖至文帝）： 　　*漢初經濟政策*

（1）令賈人毋得衣錦繡、綺縠、絺、紵、罽、操兵、乘騎馬。

（2）重稅租以困辱賈人。（此兩條，孝惠、呂后時除）

（3）市井子孫，不得仕宦為吏，而有謫戍之義務（武帝始用鹽鐵起家者為吏）。

（4）開籍田，帝躬耕以勸百姓。

（5）輕田租，十五而稅一（景帝時嘗三十而稅一）。

（6）募天下入粟於官，得以拜爵或除罪。

文景之世，與民休息，於是公私漸致充實。

文、景二帝，清淨恭儉，安養天下。七十餘年之間，國家無事。非遇水旱之災，民則人給家足， 　　*文景之富*

都鄙廩庾皆滿，而府庫餘貨財。京師之錢累鉅萬，貫朽而不可校；太倉之粟，陳陳相因，充溢露積於外，至腐敗不可食。衆庶街巷有馬，阡陌之間成羣，而乘字牝者，擯而不得聚食。守閭閻者，食粱肉；爲吏者，長子孫；居官者，以爲姓號。故人人自愛而重犯法，先行義而後詘恥辱焉。

至於武帝，連年開邊，民勞而財匱。一時登進利臣，徵斂頗煩急；

武帝用利臣

《漢書·食貨志》曰："武帝因文景之富，忿胡粤之害，干戈日滋；行者齎，居者送，中外騷擾相奉。百姓抏敝以巧法，財賂衰耗而不澹。入物者補官，出貨者除罪。興利之臣，自此而始。"按武帝所用利臣，爲孔僅（南陽大冶）、桑弘羊（賈人子）等，其興利之術，不外搜掘。茲節舉新法數條如下：

（1）置武功爵十七級，民得買爵及贖禁錮、免臧罪（見前）。

（2）禁民鑄鐵器、煮鹽、釀酒，皆收爲官業。

（3）以白鹿皮爲幣，值四十萬錢。

（4）令賈人末作，各以其物自占，率緡錢二千而一算；諸工作舟車，出算有差。

（5）置均輸官，使州郡各輸其土地所饒，官自轉遷於所無之地賣之，於是商賈失業者衆。告緡法行，中產悉破，如遭盜劫。又錢法不立，貨賤而物貴，私鑄紛起，抵罪死者數十萬人。而官作鹽鐵太苦惡，強民買之，實不便於用。

幸晚年悔過。霍光輔昭帝，鎮以無爲，民稍得休息焉。

武帝晚年，始悔往日之非，下詔息民重農，凡事有傷害百姓、靡費天下者悉罷之。又使趙過爲搜粟都尉，以代田及牛犂之法教民，民困稍復；然海內虛耗，戶口減半矣。昭帝朝，從賢良文學之議，罷榷酒官。霍光知時務之要，輕徭薄賦，與民休息。至是匈奴和親，百姓充實，稍復文景之業焉。

疲極而復之漢民

初，秦廢井田，民得賣買，治及漢代，兼幷頗甚。董仲舒、師丹，皆嘗有限田之議，格不果行。

武帝之朝，董仲舒爲帝言："秦用商鞅之法，除井田，民得賣買；富者田連阡陌，貧者亡立錐之地，小民安得不困？古井田法雖難卒行，宜少近古，限民名田，以贍不足；塞兼幷之路，去奴婢，除專殺之威；薄賦斂，省繇役，以寬民力，然後可善治也。"武帝未能用。哀帝卽位，師丹建言："今累世承平，豪富吏民訾數鉅萬，而貧弱愈困，宜略爲限。"天子下其議。丞相孔光等，奏請"自諸侯王列侯，公主名田各有限，關內侯吏民名田，皆毋過三十頃，奴婢毋過三十人。期盡三年，犯者沒入官。"時田宅奴婢價爲減賤，貴戚近習皆不便，遂寢不行。

董仲舒、師丹之經濟政策

王莽志存復古，欲行井田之制，而終以民怨而止。斯又新朝經濟政策之大端也。

新室田制

王莽銳志復古，嘗下令曰："漢氏減輕田租，三十而稅一，常有更賦，罷癃咸出（出口、算也。漢制，民幼出口賦，十五以上出算賦）。而豪民侵陵，分田劫假，厥名三十，實什稅五也。富者驕而爲邪，貧者窮而爲姦，俱陷於罪，刑用不錯。今更名天下田曰王田，奴婢曰私屬，皆不得賣買。其男口不滿八而田過一井者，分餘田與九族鄉黨。"犯令法至死，制度又不定，吏緣爲姦，天下陷刑者衆。後三年，莽知民愁怨，下詔："諸食王田及私屬皆爲賣買，勿拘以法。"蓋莽雖有均產之志，而卒未能實現，大勢所趨，本難逆挽也。

第八章　漢國際

漢初承秦之舊，邊地頗蹙於昔。

　　始皇新拓之地，除巴蜀外，北曰匈奴，南曰南越，西南曰滇；撫有未久，死而地分。北則蒙恬見殺，諸謫戍之卒皆復去。而匈奴單于冒頓驟強，既東滅東胡，西走月氏，遂乘秦之亡，悉衆南渡河，取故河南地。於是燕、代數見侵。高祖嘗伐之，被圍平城（今山西大同縣），不得已，與之和親。匈奴益驕恣。文景二朝，以內力未充，不能討也。其南之南越，當秦二世時，龍川（今縣屬廣東）令趙佗卽以兵擊，並桂林、象郡，絕秦新道，自稱南越王。漢有天下，自度力不能制，因而封之。呂后時，佗竟稱帝。孝文以書喻之，佗去帝號稱臣，然帝其國自若也。其西南之滇，本楚地，秦奪楚巴、黔中，因置吏於滇。及漢興，其地復淪域外。

秦時新壃之復失

至於武帝，公私充實，乃揚兵匈奴，驅之漠北；

　　武帝用兵匈奴，時最久，《史記‧平準書》所

武帝征匈奴

載，師勞財匱之狀可見。然其最有關係之役，不過三次。

茲表列如下：

匈奴用兵表

年代	將帥名	戰功	得地後之設施
元朔二年	衛青	擊走白羊樓煩王（匈奴別國），取河南地	立朔方郡，以刺史監之；復繕秦蒙恬所爲塞，因河爲固，徙民十萬口以實之
元狩二年	霍去病	過焉支山（在今甘肅山丹縣），逾祁連山（在今甘肅張掖西南），數破匈奴兵。渾邪王懼誅，降，於是鹽澤（今羅布泊）以東無匈奴	開河西四郡，（酒泉、武威、敦煌、張掖），減北地以西戍卒半
元鼎四年	衛青	出塞千餘里，度漠擊破單于兵，遂至寘顏山趙信城（在今外蒙古），燒其積粟而還	是後匈奴遠遁，漠南無王庭。漢度河，自朔方以西至令居（在今甘肅武威等縣），往往通渠置田官吏卒，蠶食其地
	霍去病	出代二千餘里，絕大漠，破其左方兵。封狼居胥山（在漠北），臨瀚海而還	

復因匈奴之故，招徠西域諸國，以爲外臣，而威震葱嶺以西。

武帝通西域

漢初疆域，西迄臨洮，與秦同。自玉門（關名，在今甘肅敦煌縣西百五十里）以西，以抵葱嶺，古謂之西域。文帝時，匈奴征服之。有月氏者，國於河西，爲冒頓所破，去之大夏（在今阿母河西岸），旋有其地，號大月氏。武帝募得張騫，西歷大宛（約在今俄屬中亞細亞境）、康居（在大宛北），以使其國，約共擊匈奴。而大月氏據地肥饒，無報胡之心。騫留歲餘還，具言所見聞，帝聞之欣然。既而匈奴渾邪王降（見上），西域道易通。騫乃建議："招烏孫（在今伊犁地）東徙，實渾邪王故地，斷匈奴右臂；既連烏孫，則其西大夏之屬，皆可招來而爲外臣。"帝乃遣騫將金帛往通之。騫至烏孫，因分遣副使，使大宛、康居、大月氏、大夏、安息（在大月氏西）、身毒（今印度）、于闐（今新疆屬縣）及諸旁國。烏孫畏胡不肯來，而旁近諸國，頗與騫副使俱至。於是西域始通於漢。帝乃以公主嫁烏孫，期共滅胡焉。

東而朝鮮，南而百越，若西南夷，亦次第受化。

東、南用兵表：

國名	用兵年代	將帥名	用兵原因	戰功及設施
朝鮮	元封二年	楊僕等	其王右渠襲殺漢邊吏，阻旁國通漢	討平其地，置眞番（地跨鴨綠江）等四郡
南越	元鼎六年	路博德等	其相呂嘉阻越內屬，殺漢使者	斬呂嘉，以其地爲儋耳（今廣東儋縣）等九郡
東越	元封元年	韓說等	其王餘善叛，殺漢將吏	東越殺餘善降，詔遷其民於江淮間，遂虛其地（故秦閩中郡地）

東、南二部之被化

東、南用兵表

續 表

國名	用兵年代	將帥名	用兵原因	戰功及設施
西南夷	元光五年至元封二年	郭昌等	一，爲制粵之便。（唐蒙說）二，爲求通身毒之捷徑(張騫說)	擊降諸夷，以其地爲犍爲（今四川建昌等縣）等七郡

以上四區域，以今地考之，則武帝所開闢者，爲朝鮮半島之北部，及福建、廣東、四川三省，又雲南、昆明一帶，及貴州之，東北部；而越南之北部，亦爲漢領土。故夏曾佑云："中國之境，得漢武而後定。"蓋規模遠擴於秦時矣。

昭宣以後，雖頗復有所罷棄，而匈奴遂日衰，漢威全及於西域。

匈奴之衰　　漢有南越後，設官如內地，惟瓊州一島，爲絕難施治；於是昭帝罷儋耳郡，元帝又罷珠厓郡，此漢所棄地也。然匈奴自是遂衰耗。其西方故有日逐王，領西域諸國。時漢已有南道（卽天山南路），而北道（卽天山北路）猶未盡附。未幾，日逐王降漢。於是車師（今新疆土魯番縣）以西，漢亦有之，遂置西域都護，開幕府於烏壘城（在今新疆庫車縣東南），幷護南北兩道。元帝時，又置戊己校尉，屯田車師焉。其匈奴內部，亦以內亂分裂。宣帝末，呼韓邪單于降漢，郅支單于西走康居。元帝時，陳湯擊斬之。呼韓邪益親漢，六十餘年不敢

第八章　漢國際

犯邊。

　　中興以後，南北單于永分，漢頗有武功；于是南單于內附，北匈奴西走歐洲。

　　自呼韓邪稱臣，北部暫安。王莽之世，擾動戎夷，匈奴大怒，東連烏桓、鮮卑，西誘西域諸國，並入北邊。光武初興，未遑外事，匈奴鈔暴益甚。於是漢徙幽、并邊人於常山、居庸以東。匈奴左部，遂復轉居塞內。是時匈奴復分南北二部：南部呼韓邪單于款塞求內屬，光武詔立南單于庭于五原（今縣屬綏遠），置使匈奴中郎將以領之；尋又南處西河美稷（今鄂爾多斯左翼中旗），使助中國守邊。北單于不自安，亦求和親，不許。明帝時，患兩匈奴交通，置度遼營於五原以阻之，而更遣竇固伐北匈奴，取其伊吾廬地（今新疆哈密縣）。其後，西域歸漢，北匈奴益衰耗。和帝時，外戚竇憲復帥大軍，出塞三千餘里，追至燕然山（今外蒙古杭愛山），降二十餘萬人。既而，憲又遣兵擊破之金微山（在漠北，去朔方五千餘里）。單於西遁，尋見破于班勇，走歐洲，遂建匈牙利王國。桓、靈之世，鮮卑又盛，盡有北匈奴故地；匈奴餘衆，皆臣服鮮卑云。

　　西域賴班超征之，五十餘國復內附。

　　西漢末，西域自相分割爲五十五國，其官屬皆佩漢印綬。王莽時，四邊擾亂，遂並復事北匈奴，凡與漢絕者六十餘年。明帝時，竇固既取伊吾廬，

南北單于與東漢

西域與東漢

遂遣假司馬班超使西域。超傍天山行，降鄯善（卽樓蘭，在今新疆羅布泊南婼羌縣境）、于闐、疏勒（今新疆屬縣）及諸旁國。時竇固亦降車師（今新疆迪化以東地），於是漢復置西域都護戊己校尉。其後，車師叛。章帝時，超又發疏勒于闐兵，降莎車（今新疆屬縣）、龜茲（今新疆庫車縣）諸國；尋招致烏孫，又大破大月氏之兵，於是漢威復震於葱嶺西。條支（今敍利亞）、安息諸國，皆遣使入貢。超又遣掾甘英，窮臨西海（今地中海）而還。然其後爲都護者，或失人心，諸國並叛，漢三閉玉門以絕之。順帝時，班勇（班超子）擊降焉耆（今新疆屬縣），龜茲諸國皆來附，而葱嶺以西遂絕。自後，漢威稍損，諸國驕放，轉相陵伐矣。

其後，段熲復大破羌人，然勞費不貲甚矣。

羌人本居湟中（湟水，今大通河），秦平天下，蒙恬西逐諸羌出塞。漢武帝又西逐羌，渡河湟而開四郡，始置護羌校尉。宣帝時，又寇金城（今甘肅皋蘭縣）。趙充國屯田臨羌（今青海西寧縣），且討且降之，置金城屬國以處降者。東漢初，先零羌寇臨洮，馬援破降之，遷之三輔；於是華戎雜居，常爲邊患，邊吏爭內徙避之，勢益熾。漢用兵十餘年，兵費至二百數十億。直至桓帝時，以段熲爲護羌校尉，先後凡百八十戰，結柵穿塹，聚而殲之，羌亂始平。

大抵兩漢武功，後不如前，其重心常在西

羌人

北，而卒未能紓後世之禍。

西漢攘夷政策，始終一貫。東漢則匈奴已服，北邊可以暫寧，故光武帝、章帝、鄧太后，皆不欲遠事夷狄。漢之制夷，有消極、積極二策：消極者，斷其互通之路；積極者，以降眾偵敵守邊。皆離合其族，以規吾利，此武帝所以大過人也。然羈縻諸國，僅求勿叛，實未能整齊教化，使同郡縣；而降眾內徙，尤胎後世亂華之原。故段熲曰："今傍郡戶口單少，而欲令降眾與之雜居，是猶種枳棘於良田，養虺蛇於室內也。"

兩漢制外之異

惟以東西交通之故，互市漸興。

歐亞二洲，古時兩莫相知。亞歷山大之東征也（周顯王時），嘗從波斯得我國絲織品，展轉入羅馬。羅馬人見而珍之，於是始知有中國，然未得直接貿易也。時西南之巴蜀，頗有通大夏、印度者，武帝通西南夷，即以是為導因。迨西域內屬，其通外國本有兩道：一從鄯善西行至莎車，為南道；一自車師前王庭（今新疆吐魯番縣）西行至疏勒，為北道。南道逾嶺（蔥嶺也），則出大月氏、安息；北道逾嶺，則出大宛、康居、奄蔡。東西交通遂繁，咸利漢貨物。大秦（即羅馬）居海西，常欲通使於漢，而安息欲專東方繒綵之利，故遮閡之，使不得達。至桓帝時，其王安敦遣使從海道來，經日南徼外，獻象牙、犀角、瑇瑁，始通中國，於是東西始有海道通商之事。近人謂日南、交趾之地，實

東西之通

東西交通之中樞云。

佛教亦賴以東行，斯則漢世開邊之影響也。

佛法之來

釋迦之創佛教，在中國東周之世，略與孔、老同時。相傳西漢時，中國已有佛法，然傳布尚未廣。漢明帝時，聞西域有佛，遣中郎將蔡愔之天竺（卽印度）；得佛經《四十二章》，並與沙門攝摩騰、竺法蘭東還，因立白馬寺於洛陽，時永平八年也。厥後東西大通，西土沙門齎佛法而至者甚衆。天竺而外，月氏、康居、安息諸國，皆有高僧來華譯經，於是漢土崇信者漸多。魏黃初中，我國始有剃髮爲僧者，而佛教遂大行矣。

第九章　漢　學

我國古學，先乎百家者，但有六藝。

六藝爲儒家所專道，此孔子以後事；若在古代，則爲學者通習之科（據章學誠說）。所謂《易》掌太卜，《書》藏外史，《禮》在宗伯，《樂》隸司樂，《詩》領於太師，《春秋》存乎國史（章氏《校讐通義》中語）是也。更按《莊子・天下篇》："其在於《詩》《書》《禮》《樂》者，鄒魯之士，縉紳先生，多能明之。"稱鄒魯者，明孔子以後，惟儒家能通六藝也。莊子蓋與孟子同時，故有是言。

中土古學在六藝

秦惡處士橫議，燬百家語，六藝亦頗有殘缺。

今據《漢書・藝文志》《隋書・經籍志》所云，述秦火後經籍存廢之略如下：

秦火與六藝之存廢

（1）《易》。《易》爲卜筮之書，不在焚燒之列，故傳者不絕。

（2）《書》。被燒禁。

（3）《詩》。被燒禁。然以諷誦，不專在竹帛，故全。

（4）《禮》。周衰，諸侯惡《禮》之害己，多被焚削，至秦而大壞。

（5）《樂》。至周末已無遺法（故漢以後皆除《樂》而稱《五經》）。

（6）《春秋》。被燒禁。

故六藝之典，至秦而不完；又有挾書之律，以防禁之。《隋志》有云："秦政剗先代之迹，學者逃難，竄伏山林，或失本經，口以傳說。"夫本經亡而口說興，此漢世所以有今古文之爭也。

高、惠、文三朝之右文

漢興，自高祖以至孝文，累代崇儒，而儒術未宏。

右文表

漢初提倡文化之事迹，表列如下：

朝代	右文之政	結果
漢高祖	命叔孫通作漢禮儀	時天下唯有《易》，未有他書。干戈未定，亦未暇庠序之事
漢惠帝	除挾書律	時公卿咸介冑武夫，莫以崇儒爲意
漢文帝	使鼂錯從伏生受《尚書》；又置五經博士，凡七十餘人	然帝本好刑名之言；雖有賈生，未能大用

按景帝朝，不任儒者；竇太后又好黃老之術，儒術益衰，故表中未列。

至於武帝，絀百家而定一尊，又爲博士置弟子員，於是今文師說，勃興於時。

武帝定一尊

武帝卽位，招方正、賢良、文學之士，用田蚡爲丞相，絀黃老、刑名、百家之言。公孫弘以《春秋》，白衣作天子三公，天下靡然鄉風，乃興於學。帝又爲博士置弟子員，勸以官祿。昭、宣以後，弟子員日增其數。其後，傳業寖盛，支葉蕃滋，一經說至百餘萬言，大師衆至千餘人。自古經零落後，學者口耳相傳，不載竹帛。至漢而以隸書寫之，世謂之今文。而今文之中，又生派別。終西漢之世，五經分十四家：

今文之盛

《詩》有魯（申培公）、齊（轅固生）、韓（名嬰）三家；

《書》有歐陽（生）、大小夏侯（勝、建）三家，同出伏生；

《禮》有大戴（德）、小戴（聖）二家，同出高堂生；

《易》有施（讎）、孟（喜）、梁丘（賀）、京（房）四家，自京氏外，俱出田何；

《春秋》有嚴（彭祖）、顏（安樂）二家，同爲《公羊》，出董仲舒。

此十四家，皆各祖其師口說，以存家法，所謂微言大義者，常常見之。顧其說雜駁未純，有陰陽術數之色彩；甚或泥古不化，以經義爲斷事之資。而據《藝文志》所云，說經者又往往"務碎義逃難，便辭巧說，破壞形體。說五字之文，至於二三萬言。幼童而守一藝，白首而後能言。"斯尤滯於章句，不能創通大義，故西漢之世，鮮有名儒。

厥後古文繼出，然迄未見重於學官。

古文之受絀　　古文者，蓋皆山巖、屋壁之藏，爲古人所手寫而後人得之，非今文之本也。先是，武帝建藏書之策，置寫書之官，於是孔安國獻《古文尚書》，河間獻王獻《周官》《左氏春秋》，然未立博士。成帝時，求遺書於天下，詔光祿大夫劉向校中祕書。向卒，哀帝使向子歆卒父業，歆於是總羣書而奏其《七略》（曰《輯略》《六藝略》《諸子略》《詩賦略》《兵書略》《術數略》《方伎略》）。於是書籍始有倫類，《藝文志》之所從出也。是時古書頗出，若費直之《易》、孔安國之《書》、毛公之《詩》、河間所獻之《周官》《左傳》，民間並有傳授。劉歆欲建立諸家於學官，諸今文博士則詆爲僞造，不肯立；迄平帝時，乃得一立焉。東漢置十四博士，復尚今文。太學諸生，盛於昔時；然章句漸疏，多以浮華相尚（見《後漢書》）。觀章帝詔曰："《古文尚書》《毛詩》《穀梁》《左氏春秋》，雖不立學官，然皆擢高第，爲講郎，給事近署，以網羅逸軼，博存衆家。"則知人主雖漸尚古文，而博士觝排之力，無異西漢也。

而民間則大師輩出，古文義訓，煥然復明；

民間大師之輩出　　東漢古文之學，比今文爲盛。衛宏、賈逵、馬融、許愼，皆古文大師，博通訓詁，而鄭玄尤集大成。玄師事馬融，兼貫諸經，其所作者，《易》有注，《古文尚書》有注，《毛詩》有箋，《士禮》

《小戴禮記》《周禮》皆有注,《左氏》《論語》亦並有注,實兼采今文家言。教授數千人,一時學者多宗其說。而朝廷則自質帝以後,太學稱盛,名士輩出,顧適爲黨錮之原。靈帝之世,名士已死,帝所置鴻都門學中皆文士無行之徒。鄭君所治者,但爲民間私學而已,與國學固無涉焉。

文字之學,遂亦因是而同其發達。

古文之學,詳於名物訓詁,坐是而文字之學興。初倉頡始作文,其後形聲相益而有字。周太史籀作《大篆》十五篇,頗與古文異。逮戰國分立,文字異形。秦同之以小篆,又有隸書,取便官務。漢興,蕭何定律:凡太史試學僮,能諷書九千字以上,乃得爲吏。自後,司馬相如、史游等,各有述作,咸以整理文字爲務。平帝時,嘗徵沛人爰禮等百餘人,令說文字未央廷中,是爲漢廷董正文字之始。至東漢安帝時,汝南許慎以諸生往往詭更正文,鄉壁虛造不可知之書,據以解經,使天下學者疑;於是博采通人,以小篆爲主,統形聲義而爲書,曰《說文解字》,凡十五卷。蓋是時通經者,無不通小學焉。

古文家與文字學

所可恨者,讖緯之說,援陰陽家言以入儒;

符瑞災異之說,西漢儒家恆好言之,於五經之外,更習五緯;其書多爲預言,荒誕不根,謂爲孔子所傳,然實乖聖人之旨。而世顧多信之者。王莽至託於白石之獻而代漢,光武應圖讖而中興;國有大疑,每決於讖。由是俗儒趨時,言五經者,皆憑

五緯之亂經

讖爲說，雖以鄭玄大儒，而於五緯，亦注其三（見《隋書·經籍志》）。斯誠漢代學術之污點也。

神仙家復竊附於黃老，而創道教；

西漢之時，上好神仙，諸家多糅合方士之說，道家亦然（錢塘夏氏論此甚詳）。於是清淨無爲而外，更有服食一派。如淮南王安講論道德，有《鴻烈》之著，而亦好神仙、黃白之說，是其證也。東漢讖緯流行，邪妄充塞。桓帝時，有張陵者，嘗客蜀，居鵠鳴山，造《道經》二十四篇，謂其書受於老君；又以符水禁呪之法誘民，從受道者出五斗米，稱曰道士，而稱陵曰天師。於是道家乃又有符籙一派，是爲道教之祖。其後，張角影附其教，稱太平道，劫略州郡，卒爲漢患焉（見前）。

是皆不足以言學。故談漢代文化者，舍經學無與比肩云。

漢學之評價　　儒家之學，以功夫言，始於博學而終於篤行；以事業言，始於修己而終於平天下。今漢儒但考訂遺經，實未足以盡儒術之全。故魏昭見郭泰而歎曰："經師易遇，人師難遭。"蓋是時窮經與作人，已離爲二事矣。然際秦火斷爛之餘，學者不通經，無以窺聖人；而不從事考訂，又無以明經義。漢人辛苦終身，殷勤考校，爲此第一步之工作；俾後之有志儒業者，得藉以聞周孔之教，不亦善耶！然則攻義理之學者，動譏漢儒之破碎，其實亦有未容輕議者矣。

第十章　魏晉政學

魏、晉兩朝，其政治學問，咸有相因之勢，其端皆自曹操啟之。以政治言，操廢三公官，自爲丞相，開奸雄篡國之新例。

古者得天下之法，不出禪讓、征誅二途，後世權臣，以篡位爲禪讓，其端實啟自曹操（趙翼《廿二史劄記》論此最詳）。漢末三公，失權已久。操爲司空，欲示異於衆，乃廢三公官，置丞相、御史大夫，而自爲丞相；繼乃贊拜不名，入朝不趨，劍履上殿；又繼乃策命爲魏公，加九錫，建社稷宗廟；又繼乃命承制封，拜諸侯守相；又繼乃進爵爲魏王，設天子旌旗，出入稱警蹕。迨子丕嗣王位，未幾遂迫獻帝奉璽綬禪位焉。自後權臣圖篡者，莫不師曹魏故事，至唐迄五季而不改；而相國、丞相之官，遂非尋常人臣之職，惟司馬師、司馬昭、蕭道成、蕭衍、爾朱榮、侯景、陳霸先、高歡、楊堅之流，嘗處其位而已。

操居中制外，愿弱者輸力而爲臣，強梁者

篡國之新例

三國

各思自立，於是漢之天下，分爲三國：

三國表：

三國表

國名	建國者	略歷	得國途徑	都城	疆域	傳國年數	結果
魏	曹操	漢丞相，封魏王	乘關中擾亂，迎天子都許；討平袁紹，逐烏桓，有兩河之地，富強莫與抗，至子遂篡漢	洛陽	北極幽幷，南有淮南，西包雍、涼之域。（以合肥、襄陽、祁山爲重鎮）	四十五年	晉篡之
蜀	劉備	漢宗室	初爲徐州牧，爲曹操所敗，南依劉表。表卒，曹操取荊州。備用諸葛亮策，結孫權破操於赤壁，得荊州，與吳分湘水爲界。西取益州、漢中之地，聞魏篡漢，遂稱帝	成都	有巴蜀之地，以漢中白帝爲重鎮	四十三年	魏滅之
吳	孫權	父堅，本漢長沙太守。權，漢孝廉	權兄策，始略定江南地。策卒，權與劉備破操赤壁，遂有江南、荊州之地。初稱臣魏，尋稱帝	建業	北有江域，南極交、廣，以夷陵、南郡、夏口、牛渚、濡須爲重鎮	五十九年	晉滅之

第十章　魏晉政學

其子丕篡位後，雖據有中原而形格勢禁，乃卒不能南兼吳、蜀。

魏文帝有南伐之志，而卒未能遂，其故有三：　　魏不能混一之故

（1）中原大亂之後，民戶凋殘，待撫爲急，不遑用兵。（參閱《魏志·衛覬傳》）

（2）二國各能用人，蜀有諸葛亮，吳有陸遜，皆擅治國用兵之才，據險守要，未易卒謀。（參閱《賈詡傳》）

（3）吳、蜀常互結以抗魏；魏懲赤壁之敗，不敢輕舉。

其治國也，寄實權於中書，而尚書之任始減。

初，曹操爲魏王，置祕書令，典尚書奏事。文　　尚書、中書之消長
帝初，改置中書省，置監令各一人，並掌機密。於是中書居貴近之地，爲眞宰相，尚書僅執行政務而已。明帝時，中書監令號爲專任，百官無與抗行者。蓋專制進步，人主好以私人掌樞要，遂至官制紛更，名實混淆。

雖行封建，而猜忌爲心，同姓諸王，有同幽繫。

魏時封建制度，晉人袁準論之最悉。其言曰：　　魏之僞封建
"魏承大亂之後，民人損減，不可則以古始。於是封建侯王，皆使寄地空名而無其實，王國使有老兵百餘人以衛其國；雖有王侯之號，而乃儕於匹夫。縣隔千里之外，無朝聘之儀，鄰國無會同之制。諸侯

游獵，不得過三十里，又爲設防輔監國之官以伺察之。王侯皆思爲布衣而不可得。"（《三國志》注引）

其宗室之以大將軍握兵柄者，但有曹真。真卒，子爽繼之，然終爲司馬懿所殺，魏政遂歸於司馬氏。未幾，三國乃次第合於晉矣。

司馬氏移魏

魏明帝時，司馬懿爲太傅，有戰功；將崩，召爽、懿並受顧命。邵陵厲公立，加爽、懿侍中，假節鉞，都督中外諸軍，錄尚書事，由是二人同有文武之大權。爽旋從策士言，白天子轉懿爲太傅，以殺其勢，相持者十年。懿卒以計假太后餂爽官，尋殺之，於是大權盡歸於懿。懿卒，子師、昭相繼輔政，爲相國，咸放弒人主，以立威權。魏元帝時，司馬昭滅蜀。昭子炎繼爲晉王，遂篡魏，是爲晉武帝。又十四年，南滅吳，於是天下又一統。

晉之政制，率同魏朝；惟沿用九品官人之法，寄審覈之權於中正，頗爲姦弊所叢。

魏晉九品官人之法

晉時丞相之官，設廢不恆，而中書監令常管機要。其以他官參掌機事，或受遺詔輔政者，亦同宰相。官人之法，漢時出於貢舉。左雄爲尚書，更限年試才，以杜妄濫，十餘年間，稱爲得人。魏文帝初，尚書陳羣以吏部不能審覈天下之士，初令郡國各置中正，州置大中正，皆取本土之人任朝廷官，使銓次等級以爲九品，吏部憑以補授百官。晉代魏後，循而行之。然中正或非其人，姦敝日滋，馴至但視閥閱，不辨賢愚，門第相尙，遂成風俗焉。
（參閱《晉書・劉毅傳》）

武帝懲魏孤立，重宗藩之權；

帝鑑曹氏孤立而亡，大封同姓爲諸王，除魏苛制，諸王並得自選國中長吏。又命各以戶邑多少，分五等以定軍制，於是諸侯之強，同於漢初。其中甚有出作岳牧、入典樞要者，視西漢且遠過之，此封建第二次之反動也。 —— 封建之再復

平吳之後，又悉去州郡兵。

武帝太康元年，諭曰："昔自漢末，四海分崩，刺史內親民事，外領兵馬。今天下爲一，當韜戢干戈，刺史分職，皆如漢氏故事，悉去州郡兵，大郡置武吏百人，小郡五十人。"僕射山濤諫，不聽。及永寧（惠帝年號）以後，盜賊羣起，州郡無備，不能禽制，天下遂大亂，如濤所言。 —— 晉去州郡兵

然矯革太過，宗藩因爭權而致構釁，遂有八王之亂，前後互二十餘年。

武帝既大封同姓，同於漢初，及崩而惠帝立，不慧。后賈氏，妬忌多權詐。時楊太后父駿當朝，後謀專國政，矯詔使楚王瑋（武帝子）以兵誅駿，並幽太后，是爲宗室用事之始。其後終惠帝之世，互相殺害，謂之八王之亂。今依次條舉，以便觀覽： —— 封建之惡果

（1）太宰汝南王亮（司馬懿之子）欲奪瑋兵權，瑋言於后而誅之。

（2）賈后又以專殺誅瑋，弒太后。

（3）趙王倫（亮之弟）時掌宿衛，因人情之憤，勒兵誅賈后，尋遷帝而自立。

（4）齊王冏（武帝姪）、成都王穎（武帝孫）、河間王顒（懿之從孫）共討誅倫，迎帝復位。

（5）冏留洛專政，顒請長沙王乂（武帝子）誅冏，以穎輔政。

（6）穎、顒復引兵討乂，乂爲穎將張方所害。

（7）穎專制朝權，東海王越（懿弟子）合幽并兵討之，穎、顒走死。

（8）越旋弒惠帝，立其弟懷帝。時宗室彫謝，戎狄內侵，事已不救。越憂懼而卒。

異族雜居內地，帝又不能豫爲之所。

外族之內徙　　兩漢之世，異族爲中國所征服者，多入居塞內或近塞之地，朝廷亦往往故徙入之。及其久也，政府不善統馭，生齒降而愈繁，戎乃生心，羣爲邊患。茲表列各族分布之迹如下：

五胡分布表

種族名	舊時狀況	內徙原因	分佈地域
匈奴	南單于所統	呼韓邪降漢	并州（今山西省）
羯	匈奴別種		并州上黨郡（今山西遼縣）
鮮卑	東胡遺衆	部屬分裂	遼水以西（今山、陝邊外）
氐	居武都（今甘肅成縣西）	曹操徙諸關中	雍州（今陝西南部）
羌	居湟中（今大通河）	降衆內徙（自漢始）	雍州（今陝甘北部）

第十章　魏晉政學

　　晉初深識之士，多已窺見禍端。武帝時，侍御史郭欽請及平吳之盛，盡徙內地雜胡於邊地。惠帝時，太子洗馬江統作《徙戎論》，謂宜徙羌先零（今甘肅西南境），徙氐武都。然兩帝俱弗能用也。

　　於是劉淵乘時起於北方，一舉而覆西晉焉。

　　南匈奴入居西河，自以先世嘗與漢約爲兄弟，遂冒姓劉氏。曹操分其衆爲五部，皆居於汾、晉之間。晉惠失政，諸部謀曰："司馬氏骨肉相殘，復呼韓邪之業，此其時矣。"乃共推左部帥劉淵爲大單于，國號漢。傳子聰，遂南陷洛陽，虜懷帝，既而弒之。愍帝卽位長安，又陷執之，尋亦被弒。西晉凡五十三年。

匈奴亡西晉

　　魏晉與東漢最不同者，厥爲士氣之浮靡，而其風實壞於曹操。

　　自東漢崇尙氣節，末造士風，遂冠前代。操出身猥賤，但貟權詐，不重學行，嘗下令曰："夫有行之士，未必能進取；進取之士，未必能有行也。陳平豈篤行，蘇秦豈守信耶？"乃令求貟污辱之名、見笑之行、不仁不孝，而有治國用兵之術者。漢世雖號雜霸之治，然猶有孝廉之舉，使民興行（東漢以考試行之，孝廉始爲取士科目之通稱）。自操以後，士習始變。傅玄有言："魏武好法術，而天下貴刑名；魏文慕通達，而天下賤守節。"朝野任誕之習，蓋二帝啟之也。

魏晉士習之壞

　　以學問言，亦輕經術而重詞章。

學衰文盛之漸　　凡專制之君，類皆樂近文士無行之徒，取其無圭角，可狎玩也。魏自曹操以後，皆尙文詞。文帝時，有建安七子之目。李諤（隋御史）所謂："忽君人之大道，好雕蟲之小藝；下之從上，有同影響，競聘浮華，遂成風俗。"直以操爲崇尙詞華之首。文帝初立太學，備博士之員，申告州郡，招致弟子；然諸生千數，皆緣中外多事，聊以避役。諸博士遴選不精，無以教弟子。弟子本爲避役，竟無能習學。冬來春去，歲歲如是，故雖設其教，而無其功。董昭太和一疏，所謂"當今年少，不復以學問爲本，專更以交游爲業。"蓋謂此也。

　　自正始（魏廢帝年號）以降，清談之俗，盈於朝野。由是經學衰落，而思想乃大解放焉。

魏晉清談　　初，魏明帝惡名士，而太和之後，俗用浮靡，遞相標目。夏侯玄之徒，有四聰四達之稱，帝輒禁錮誅黜以懲之。諸名士既罕能獲全，乃多不務世事，耽樂玄虛。其後司馬懿秉政，雄猜益甚。阮籍以沈淪自晦，僅得免身。正始中，諸名士如王弼等，皆治《老》《莊》而講無爲。入晉後，王衍首宗其說，妙擅玄言，傾動當世；其末流更任誕頹率，無復忌憚。經學自鄭玄出，已集大成。魏王肅則僞造《古文尙書》，又作僞《孔傳》，以攻鄭說，其學未大行。王弼作《易》注，舍象數而空言義理，時人最宗尙之。蓋考據末流，不免枝碎，此其反動也。

第十一章　東晉南北朝（上）

洛京既覆，琅邪王睿南保建康，自是史家號爲東晉。

睿初以都督鎮下邳；北方喪亂，用王導計，移鎮建康（卽建業）。愍帝被弒，羣臣勸進，遂卽位，是爲晉元帝。洛京傾覆，中州士女避亂江左者十六七。元帝收其賢人君子，與之圖事。時中原雖亂，而江左晏安，戶口殷實。王導以淸靜爲政，朝野傾心焉。

河北之地，淪於異族，終東晉之世，一時建號自娛者，飆至而雲舉。統前後分合之數而計之，凡得十有六國。

十六國表：

東晉之興

四百餘年一統之復分

十六國表

國名	建國者	種族	立國情形	國都	傳國年數	結果
前趙	劉淵	匈奴	已詳上節。初國號漢，至劉曜更號趙。史家因別於石勒之趙，故稱此曰前趙	初都左國城，劉曜遷都長安	二十五年	後趙滅之

續　表

國名	建國者	種族	立國情形	國都	傳國年數	結果
後趙	石勒	羯	初居上黨，後降劉氏，封趙公，尋稱帝，滅前趙，有淮漢以北之地	初都襄國（今河北邢臺縣），石虎遷鄴（今河南臨漳縣）	三十四年	前燕滅之
前燕	慕容皝	鮮卑	父廆，初居遼西，爲晉平州牧，略有遼東之地。至皝始稱燕王。其子儁并有幽、冀，遂滅後趙，稱皇帝	初都龍城（今熱河朝陽縣），儁遷鄴	三十四年	前秦滅之
前涼	張重華	漢	曾祖軌爲晉涼州刺史，有隴右之地。至重華始稱王，東與趙爲鄰	姑臧（今甘肅武威縣）	二十八年	前秦滅之
前秦	苻健	氐	父洪，初居略陽（今甘肅秦安縣），尋臣服石氏。健始西取關中，稱帝。苻堅之世，取燕、涼，朝西域，并有晉、梁、益，土宇最闊。淝水戰敗，屬地遂分	長安	四十四年	後秦滅之

續　表

國名	建國者	種族	立國情形	國都	傳國年數	結果
後燕	慕容垂	鮮卑	垂，皝之子。初降苻堅爲將。堅敗，東還稱帝。盛時疆宇略如前燕，與後秦對立	中山（今河北定縣）	二十六年	北燕代之
南燕	慕容德	鮮卑	德，皝少子。初仕後燕，鎮鄴。魏陷中山，德棄鄴南走，據兗州，而稱帝	廣固（今山東益都縣）	十三年	東晉滅之
北燕	馮跋	漢	仕後燕爲將。末造昏亂，燕主被弒，衆共推跋爲天王，撫有燕之舊壤	龍城	二十八年	魏滅之
後秦	姚萇	羌	父弋仲，初居赤亭（今甘肅隴西縣西）。尋與苻健俱臣石氏。萇降苻堅，爲將軍。堅敗，遂襲殺堅。入長安稱帝。尋滅前秦，有淮漢以北之地，東與後燕對立	長安	三十四年	東晉滅之

第十一章　東晉南北朝（上）

89

續 表

國名	建國者	種族	立國情形	國都	傳國年數	結果
西秦	乞伏國仁	鮮卑	初仕苻堅,鎮勇士川（今甘肅金縣北）。堅敗,遂據隴右叛,然猶受苻氏官爵。弟乾歸,遂稱秦王	苑川（今甘肅靖遠縣）	四十七年	夏滅之
後涼	呂光	氐	初仕苻秦,征西域有大功。及還,堅已敗,遂據有涼州,稱天王	姑藏	十八年	後秦滅之
南涼	禿髮烏孤	鮮卑	先世卽雄長河西。烏孤臣屬呂光,已而頻取涼邊,稱武威王。再傳至傉檀,遂稱涼王	樂都（今青海西寧縣）	十八年	西秦滅之
西涼	李暠	漢	世居隴西。後涼末造,叛者四起。段業以暠爲敦煌太守。暠擊下玉門以西,稱秦涼二州牧,而世臣於晉	酒泉	二十八年	北涼滅之

90

續　表

國名	建國者	種族	立國情形	國都	傳國年數	結果
北涼	沮渠蒙遜	匈奴	世爲張掖諸部帥。諸父仕於呂光，爲光所殺，因結盟起兵，遂有河湟以西地，臣服於魏，爲涼王	張掖	四十三年	魏滅之
夏	赫連勃勃	匈奴	世爲鐵弗部大人。父衛辰，爲魏所殺。勃勃奔秦，仕姚興，鎮朔方。晉滅後秦，勃勃入長安，遂晉成而稱帝，有今陝西全境之地	統萬（今陝西橫山縣西）	二十五年	魏滅之
漢	李雄	巴氏	西晉歲飢，父特率流民入蜀就食，遂據益州。雄受推爲牧，尋稱帝，國號成。李壽立，更改號曰漢	成都	四十四年	晉滅之

故史家述十六國之數，恆稱五涼、四燕、三秦、二趙、一漢、一夏云。

晉偏安江左，以內亂相繼，未能及時北圖中原。

91

東晉之邊鎮及內亂　自東晉以後，封域廣狹無常，然上游之上明（今湖北松滋縣）、江陵、夏口、武昌，下游之合肥、壽陽（卽壽春）、淮陰，常爲邊圉重鎮；漢中襄陽、彭城，則得失靡定，亦間爲藩翰，而荊楚尤國之重地。晉地方官制，以州刺史爲長吏，與漢魏同；至是又任令自募民兵，權乃移於鎮將之手。王敦鎮荊州，兵力甚強，元帝抑制之，敦舉兵反。明帝立，始擊平之。蘇峻復以擊敦功，挾怨而叛，賴陶侃入援，乃得平定。

厥後庾氏欲北伐而未就。桓溫雖稍能滅漢敗秦，而枋頭之挫，晉威頓減。

北伐之蹉跌　及庾翼爲相，內亂平定，始有經略中原之志。時已去南渡之始，二十餘年矣，然翼志未就而卒。衆推桓溫鎮荊州。溫乘李氏之衰，遂西滅漢。又數年，更北敗符秦於藍田（今縣屬陝西），敗姚襄（萇兄，時據洛陽）於伊水；比旋軍，復陷。溫尋伐燕，慕容垂大敗之於枋頭（城名，在今河南溫縣）。溫以北伐無功，乃廢帝奕，立簡文帝，欲加九錫；而謝安、王坦之故緩其事，不遂志而卒。

未幾，符堅雄視北方，率衆南伐，有淝水之役；幸謝玄破之，符氏瓦解，晉室賴以暫安。

符秦之盛衰與大局　符堅盛時，九分天下而有其七，西戎來貢者六十二國；又得王猛爲相，整飭綱紀，勸課農桑，練習軍旅，由是國富兵強，戰無不克。孝武帝初，晉詔求良將可鎮禦北方者。尚書僕射謝安，以兄子玄應詔。玄募驍勇之士，得彭城劉牢之爲參軍，常領精銳爲前鋒，所向常捷，號北府兵。王猛卒後八年，苻堅遂大舉伐晉。其將苻融，先取壽春，逼淝水而陣。晉謝石遣使謂融小退，融亦擬俟晉軍半渡擊之，遂退，不可制止。晉遂大敗秦軍，苻堅尋爲姚萇所殺。於是北方分裂爲十餘國（見上表）。此實五胡分合之大關鍵也。

然中遭桓玄之亂，終乃被篡於劉裕而爲宋。北朝之拓跋魏，亦漸次剪滅諸胡而有之。於是天下爲宋、魏所分據，稱南北朝焉。

苻秦既破，江東無事，國事日荒。安帝立，桓溫子玄負其才地，以八州都督叛晉，迫帝禪位。賴劉裕舉兵京口，討除之，安帝乃復位。然政權久在大臣，人主尸位而已。裕乘勢北滅南燕，已又滅後秦，遂自爲相國，爵宋公，旋弒安立恭。明年，遂迫恭帝禪位而酖殺之（自是凡禪位之主皆被戕），是爲宋武帝。東晉百三年而亡。北方拓跋氏，本鮮卑索頭部酋長，服屬於秦。苻堅既敗，拓跋珪乃都盛樂（今綏遠和林格爾縣），而稱魏王。尋，南滅後燕，都平城（今山西大同縣東），即帝位，是爲後魏道武帝。諸胡互相吞噬，晚餘夏、北燕、北涼三國，俱并於魏，時爲宋文帝元嘉二十二年。蓋自西晉末至是，內地爲戰國者，已一百三十六年矣。

南朝相嬗之序，曰宋、齊、梁、陳，皆遞相篡弒，有如一轍。

東晉之亡

元魏之興

南朝

南朝統系表

朝名	建國者	國都	得國途徑	疆域	傳國年數	結果
宋	劉裕	建康	仕晉，有平北功，爲時望所歸。更樹立私黨，剪除異己，乃行篡弒，是爲宋武帝	國勢於南朝爲最盛。然長安得而旋失。明帝時，又失淮北及淮西等地。故宋之版圖，視晉稍縮焉	五十九年	齊篡之
齊	蕭道成	建康	初仕宋爲南兗州刺史，鎮淮陰。宋明帝疏忌宗室，征道成受顧命輔政，由是兼總軍國重事。威望既著，擅行弒立，遂弒帝昱，立順帝。三年篡之而自立，是爲齊高帝	時淮北已失。明帝以後，沔北及淮南，又次第入魏	二十三年	梁篡之
梁	蕭衍	建康。惟元帝都江陵	兄懿，有平亂功，東昏侯忌而殺之。衍鎮襄陽，奉侯弟寶融東下，入建康。齊人弒東昏侯而立寶融。明年，遂篡弒，是爲梁武帝	武帝乘魏亂，稍復淮北及漢中諸郡。及末年，江北入於高齊。元帝時，漢中、巴蜀又入於西魏	五十六年	陳篡之
梁	蕭詧	江陵	武帝孫。先是東魏降將侯景兵犯建康，武帝以憂殂。景旋自立。元帝即位於江陵。西魏破江陵，戕元帝而立詧，稱西梁，爲魏屬國	魏取其襄陽，而資以荊州之地，延袤僅三百里	三十三年	隋滅之

續　表

朝名	建國者	國都	得國途徑	疆域	傳國年數	結果
陳	陳霸先	建康	本梁始興太守，受元帝命討平侯景，鎮京口。及元帝被弒，霸先立敬帝於建康。未幾，遂篡弒，是爲陳武帝	畫江而守，威力所加不出荊揚	三十三年	隋滅之

北朝以魏爲班首，末造逼於權臣，分爲東、西，爲北齊、北周所篡。旣乃齊滅於周，周又舉而禪之於隋。

北朝　北朝統系表

北朝統系表：

朝名	建國者	國都	得國途徑	疆域	傳國年數	結果
魏	拓跋珪	平城。孝文帝遷洛陽	前文已詳	道武定幽、并之地，其後累有戰功。東接高麗，西踰流沙，南則淮沔以北，及漢川諸地，亦次第爲魏有	百四十三年	分爲東西
魏	西魏孝武帝	長安	丞相高歡開府晉陽，威權震主。帝欲謀誅之，事洩。歡引兵南逼，帝遂西走，依關西大都督宇文泰	詳下北周欄	二十四年	北周篡之
魏	東魏孝靜帝	鄴	孝武西奔，高歡別立帝以抗之	詳下北齊欄	十六年	北齊篡之

95

續 表

朝名	建國者	國都	得國途徑	疆域	傳國年數	結果
北齊	高洋	鄴	父歡爲魏六鎮統帥，有討平爾朱榮功。魏分東西，歡挾孝靜帝居鄴。再傳至洋，遂篡弑，是爲文宣帝	與北周分洛陽爲界，南至江	二十八年	北周滅之
北周	宇文覺	長安	父泰，本鮮卑人，仕魏爲關西大都督。孝武西奔，拜大丞相。泰尋弑帝，立文帝。覺嗣位，逾年，遂篡弑，是爲孝閔帝	與北齊分洛陽爲界，南有湘漢以西地	二十五年	隋篡之

隋文帝旣併有北方，兼平西梁，遂又滅陳而有之，天下始復統一焉。

二百餘年分立之復合

北周之末，太后父楊堅輔政，尋受禪，仍都長安，是爲隋文帝。文帝七年，滅西梁。其翌年，遂伐陳。陳後主恃險不爲備。隋將韓擒虎等克建康，俘後主以歸，遂滅陳。蓋自東晉元帝南渡，相承者五代，至是凡二百七十三年，始爲北朝所併。

第十二章　東晉南北朝（下）

南北分合遞嬗之迹旣明，請更就政教、生計諸端，陳其厓略。大抵江左五朝，事事相師，有時北朝亦沿其習。以政治言，南北皆上沿魏晉，以中書爲相職，其繼則侍中亦漸居顯要。

中書省之設，自魏始；東晉以後，並爲詔令所自出。尚書雖曰任總機衡，其實禀受、奉行而已。侍中本漢官，掌奏事，直侍左右，爲親近之職，而未有重柄，自宋文帝以後，其任始漸重。梁陳之世，獻納之外，兼糾違闕，由是門下省與中書省，並爲相職。北朝尤重門下官。後魏、齊、周，雖皆置丞相，而常以侍中輔政，蓋地居貴近，爲人主所暱故也。然旣有宰相之實，而猶不以相名，名實混淆，其弊直至兩宋而不能正，斯則曹魏作俑之過也。

地方官制，南北皆爲州、郡、縣三級；刺史多掌兵，其任甚重；又皆好增置州郡，名實

東晉以後之相職

淆亂，頗乖治體。

地方官制之始壞

東晉以後，司隸校尉始廢，天下皆爲州，各置刺史。先是，西晉時，要州有兼爲都督者，江左沿其制；揚、荊二州，爲形勢重地，皆兼都督軍事之職。其都督中外，或假黃鉞，則總攬一切，非人臣常器矣。自宋至陳，其制從同。北朝京輔置州牧，餘曰刺史。其郡守縣令，後魏皆置三員，斯亦異矣。都督，魏、周、齊皆有之，其權甚重，如關西大都督，是其例也。初，晉徙建康，以中原淪失；南來士民，思存本貫，乃取舊壤之名，僑置州郡，以自張大（如南徐、南兗諸州之類）。其名愈繁，而境愈小。北朝效之，至於名實交錯，文書難辨（後魏韓顯宗語），遂啟隋唐改制之漸。

而登庸百官，以中正操品第之權，遂成門閥相尚之世。

九品中正與門閥

東晉、南北朝並沿前代之制，州舉秀才，郡舉孝廉，試以經義；然冒濫居多，未爲得人。而九品中正之制，除梁武帝嘗一廢置外，南北皆有其官，掌品第人物，由吏部尚書司其選用。其始用當其人，常採清議，亦頗能升降公平，不避親貴；然以選舉重任，寄於一人，往往不覈才德，但以官婚胄籍爲先。劉毅所謂"上品無寒門，下品無世族"。南北朝之世，其弊如出一轍焉。惟北周懲魏齊之失，罷門資之制，又下詔廣收遺佚，蓋弊久則遷，自然之理也。

第十二章　東晉南北朝（下）

其時治世，惟推宋之元嘉，

元嘉，宋文帝年號也。《通鑑》："帝性仁厚恭儉，勤於爲政，守法而不峻，容物而不弛，百官皆久於其職；守令以六朞爲斷，吏不苟免，民有所係。三十年間，四境之內，晏安無事，戶口蕃息；出租供徭，止於薄賦，晨出暮歸，自事而已。閭閻之間，講誦相聞；士敦操尚，鄉恥輕薄。江左風俗，於斯爲美。"按江左五朝，東晉有賢相，而多內亂，故鮮治世。餘則每朝各數十年，惟宋較長，元嘉一朝有其半。又四境無事，故政治可觀。若梁武帝在位雖久，而紀綱不舉，百務俱廢，不足述也。

與魏之太和。

太和爲魏孝文帝年號。魏起北荒，本無善治。獻文帝（孝文帝父）之世，澄清吏道，有綜核之美，顧未幾而行內禪。孝文帝仁孝好學，惡北土之陋，首排衆臣議，自平城遷都洛陽，以變國俗。是爲北朝第一大事，漸染華風，實由於此。至所施庶政，在北朝爲空前之舉者，具列如下：

（1）斷胡服胡語；

（2）改國姓爲元氏，諸功臣舊族自代來者，姓或重複皆改之；

（3）爲諸弟娶中州名族（漢族），而使以前妻爲妾媵；

（4）自行三年喪，聽羣臣終制；

元嘉之治（勤政）

太和之治（變俗）

（5）崇祀孔子，親任儒生，使修明古禮；

（6）行均田之法（詳下）。

餘則創業者或尚可觀，繼體之君，則類多狂暴，或疏忌將相，暱近小人，與之圖事。

南朝諸帝之昏狂　創業諸主，自肇迹以至受禪，年多已老，末久卽殂，故政治無聞。惟蕭衍在位四十八年，然政事廢弛已極。其餘如宋之兩廢帝，齊之鬱林王及東昏侯，北齊之後主緯，皆昏嬉狂暴，全無君道。而南朝諸帝，又大率好誅宿將。如宋文帝殺檀道濟，齊明帝殺王敬則、陳顯達，皆自懲前事，畏其威名，故除之以免異日之患也；尤好親近小人，假以事權，而不與朝士相接。如宋孝武帝寵戴法興，齊東昏侯寵茹法珍、梅蟲兒，皆由自操政柄，恃其親暱，委以腹心。然羣小驟貴，乘勢作奸者恆多，故卒少善治，徒爲奸雄謀篡之資而已（參閱趙翼《廿二史札記》）。

而宋、齊二代，猜忌同姓，骨肉之禍，甚於八王，則尚安得留心庶政？

封建之復衰　晉室南徙之後，雖仍行封建，而封邑官屬，俱減於前。宋、齊二代，凡諸王類爲都督或刺史；而操其實權者，宋有長史，齊更設典籤，其威柄在諸王之上。諸王童孺就封，遇事必待咨質而定，所以監制之者極嚴。而二代君主，又多爲子孫謀，疏忌宗室，大殺先朝裔胄。如宋之孝武，大殺武帝及文

第十二章　東晉南北朝（下）

帝子孫；明帝立，又殺文帝及孝武子孫，凡四世六十四男，無一令終者。齊則明帝一朝，殺高帝子孫九王、武帝子孫十四王，皆使典籤就戕之，慘虐不勝紀。梁武帝時，重視宗藩，命諸王各出刺大郡，而同氣相殘。侯景之亂，各相稱兵，不赴國難，則亦未爲得也。北朝諸王多虛封，罕有食邑，故無流弊。

故創制立法，邈無所聞，其著者惟北朝若齊之刑制；

初，漢承秦法，過於嚴酷，文帝除肉刑，而代以笞。笞不如法，往往致斃，於是有矯之者，去笞而用髡；然髡之上即爲死，輕重之間，失宜已甚。東晉以後，南朝以宋、齊爲最苛虐。梁武帝信佛，又太寬縱，皆無可稱。後魏起於夷狄，以刑殺爲治，酷法甚多。孝文帝始除門房之誅，啟改定刑法之漸。迄於北齊，武成帝始用刑臣，重定齊律，別刑名爲五等，曰杖、鞭、徒、流、死；每等中又自有等差，以上下加減於其間。北周因之，於是刑罰始臻整備，《隋書·刑法志》稱其"法令明審，科條簡要"。蓋有以也。　　南北朝刑制

周之兵制，遠勝前代，足爲隋、唐立法之原，非南朝之所能及也。

南朝兵制，大率徵發與召募並行，訓練不精。南人又脆弱，故輕進易退，罕有戰功。魏孝文帝南　　南北朝兵制

101

遷之後，遇邊鎮將士薄，而養十餘萬人宿衛京師。其後邊鎮叛亂，爾朱榮討平之，大權遂入武人之手；而宿衛凶悍，至劫殺大臣，而朝廷不能制。宇文氏相西魏，大改兵制，籍民爲兵，蠲其租調，令刺史以農隙教之。國內凡百府，每府一郎將主之，分屬二十四軍；開府各領一軍，每大將軍統二開府，一柱國主二大將軍，復加持節都督以統之。北周旣代西魏，遂沿而行之。隋唐府兵，此其濫觴焉。

學校之制，南北諸朝，興廢不常。

東晉以來之教育

東晉元帝建太學，坐王敦、蘇峻之難而廢，後成帝復建，儒術終不振。江左承魏晉餘俗，士大夫以清談爲尙。宋文帝立國學爲四，曰史學、文學、儒學，而以玄學冠首。其教育精神崇尙老莊，可以想見。梁武帝博學能文，見國學頹廢，慨然有五經博士之設，然帝自身卽崇佛老，故不見功效。北朝則魏道武帝搜書於前，孝文帝立國子太學於後，一時燕、齊、趙、魏之間，學業大盛；然魏政旣衰，降至北齊、北周，其學校皆無教育之實。

故經學衰敝，無兩漢之盛。

王、鄭經說之興替

西晉喪亂，文籍蕩泯。西漢經說，若齊轅固生之《詩》，歐陽、大小夏侯之《尙書》，施孟、梁邱之《易》，靡有孑遺。又自王肅僞造《孔傳》，康成之說，大受觝排。江左襲魏晉緒餘，故漢儒師說，不皆行於南土。若齊之王儉，治《禮》《春

第十二章　東晉南北朝（下）

秋》，爲秘書丞，撰《七志》以繼《七略》（《經典志》《諸子志》《文翰志》《軍書志》《陰陽志》《術藝志》《圖譜志》），有向、歆遺意，爲國子祭酒。言論造次，必於儒者，南朝殆罕見其匹。蕭子顯謂："自宋以來，競爲詞賦，五經文句，無復通其義者。"斯可見一時士流之真際矣。北朝經學，以地理關係，仍宗漢人。故《隋書》綜述之曰："南北所治章句，好尚互有不同：江左《周易》則王輔嗣（弼），《尚書》則孔安國，《左傳》則杜元凱（預）；河洛《左傳》則服子慎，《尚書》《周易》則鄭康成。《詩》則同主於毛公，《禮》則同遵於鄭氏。"又曰："南人約簡，得其英華；北學深蕪，窮其枝葉。"斯又水土異齊之所致也。

惟佛學之行，無間南北。

佛教自三國以後信者日衆，然自白馬馱經外，皆由月支、安息諸國沙門展轉齎譯，不無乖舛，且所譯類爲小乘，鮮大名部。迨晉安帝時，天竺僧鳩摩羅什入長安，爲姚秦國師，始與衆僧共譯經論三百餘卷，於是大乘始入中國。而法顯又自長安歷三十餘國以入天竺，學其梵字，齎諸經論，遵海程而歸，是爲我國高僧入印度求法成功者之始。於是地無南北，莫不尊信。南朝君主，梁武帝最有學問，其奉佛尤虔至；自改元天監後，卽斷魚肉，日止一食。是時金陵之寺，多至七百，皆極莊嚴。北朝惟魏太武帝、周武帝有毀滅佛教之舉，餘則崇佛不異

南北之治經之異

佛學之漸盛

南朝。如魏宣武帝使天竺沙門菩提流支大譯經論於太極殿，其見重學者，與羅什相埒。後魏佛寺，多至三萬有奇，亦不可謂不盛矣。

餘則道教亦所兼崇，而北朝較甚。

南北數帝之崇道法

南朝以重清談故，多好老莊書，然服食煉養之術，亦有信之者。晉哀帝以服丹藥致疾而崩，是其明驗。梁武帝寵遇陶宏景，符籙丹鼎之說，大行南土。北朝有嵩山道士寇謙之，自言遇太上老君，授以仙術。魏太武帝時，奉其書而獻之，帝尊爲天師，親受符籙焉。自是每帝卽位，必受符籙以爲故事。北齊、北周俱承魏舊，崇奉道法，視南朝爲甚焉。

復以南士向虛背實，故文學尤極華腴之致云。

質散文滋之世

六朝思想，輕樸學，重佛老，無非漢儒之反動，文學亦然。宋文帝於國學中立文學，是爲帝王提倡之始。齊沈約鑽研音律，發明四聲八病之說，以此制韻，不可增減。由是，詩文皆務音節諧協爲貴，然拘忌旣多，眞美乃斨（古詩變爲律體，自約開其端）。入梁以後，簡文帝、元帝皆尙綺靡，好爲輕豔之辭，時號宮體；故舉駢麗之文者，稱齊梁焉。"世俗以此相高，朝廷據茲擢士。"（隋李諤語）故流風所被，爲者益衆，此提倡之效也。若夫南北文學不同之處，大抵江左貴清綺，河朔重氣質，故一宜詠歌，一便時用（李延壽語）。然北朝文學，實亦漸染華縟。宇文泰病之，至命蘇綽作

第十二章　東晉南北朝（下）

《大誥》以正文體。復古風氣，實開於此。

自井田制廢，兼幷之患生。南朝未有限制之方，徵斂不均，上下困乏。

先是，三國之時，兵革未息，四民散亡，天下皆爲曠土。司馬朗言於曹操，請及此復行井田，操未能用。晉既平吳，行限田之法，因丁授畝，按戶輸課，官吏亦因品佔田，兼幷賴以稍息。及南渡之後，此制不行，而僑人散居，不隷州縣，任其樂輸，無有定數。桓溫始命依界土斷，各著於籍，有輸課之責，國用稍豐。然其後版籍多弊，檢校不精，富民行賄改籍，詐入仕流，以避賦役。於是稅法不均，公私皆蒙其弊。

〔南朝田制之紛紜〕

惟後魏孝文帝均田之制，頗知措意民生以劑其平云。

魏初，民多蔭附。蔭附者，附田於大戶而獻其租，皆免官役。而豪強徵斂，倍於公賦。太和中，給事中李安世言："歲飢民流，田業多爲豪右所佔奪，雖桑井難復，宜更均量，使力業相稱；又所爭之田，宜限年斷，事久難明，悉歸今主。"孝文帝善之，乃頒均田之令，分所均之田爲二種：

〔北朝之均田政策〕

（1）露田。諸男夫十五以上，受露田四十畝，婦人二十畝；及年受田，老病及身沒則還田。露田者，無廬舍樹木之田也。

（2）桑田。初受田者，男夫給二十畝，課種桑五十株；皆世業，身終不還，視見口之數，可以買賣。

厥後北齊、北周，並沿其制而小變之（北齊一夫八十畝，婦人半之；北周一夫百四十畝）。其旨趣要在地無餘利，民無遊手。或謂後此隋室之富，實北朝諸代有以儲其力。按《隋書·食貨志》，北齊多昏主，國用無節，末造至減朝士之祿以營池苑，則東魏、北周府庫無餘財可知。惟西魏用蘇綽，以國用不足，征稅頗重。北周與隋，承西魏暴斂之餘，府庫盈溢，或以此耳。

第十三章　隋唐政學

隋文帝統一方內，厲精圖治，其所設施，大率整理財政者爲多。

自西魏至周，稅法苛重，又酒酤鹽鐵，皆歸國有，乃至入市者皆須納稅，民不能堪。文帝卽位，用蘇威言，賦役一從輕簡，罷酒坊，通鹽井、鹽池，與百姓共之，遠近大悅。其整理國計之方，不在加賦以益民負擔，而在除弊以增加收入。如因舊俗欺僞，規免租賦，致戶口不實，則責成州縣，覈其年貌，又開相糾之科，大功以下，令各析籍，以防容隱，於是戶口大增。又因長吏作姦，無定簿難以推校，則制輸定樣（猶今之官廳簿記有一定式樣）。每年由縣命屬分團定戶上下，悉依定樣爲之，由是姦無所容。

〖隋文帝之理財法〗

故不務厲民，而國自富。

文帝薄賦於民，又屢下減免之令，而統一甫三年（開皇十二年），乃至府藏皆滿，無所容，積於廊廡。史家謂帝恭儉化民，故衣食滋殖，倉庫盈

〖理財之效〗

溢。今按隋初府庫之滿，由民之樂輸；民之樂輸，由賦之輕減。文帝旣薄賦以足民，而又釐剔弊端，使民數日增，簿記無隱，故國計亦賴以充裕。又大亂之後，與民休息，則生齒自繁。故受禪之初，民戶不滿四百萬，其末年遂躋八百九十萬也。

其內治不無可觀，而大都不免於苛察。

隋初之內治文帝所定刑法、官制等項，實開唐代制作之原（詳下），然沉猜爲治，不達治體。其性本不悅學，旣任智以獲大位，因以文法臨下，自矜明察，恆令左右覘視，有過失則加以重罪；又患令史贓污，私使人以錢帛遺之，得犯立斬；又詔諸司論屬官罪，有律輕情重者，聽於律外斟酌決杖。於是上下相驅，迭行棰楚，以殘暴爲幹能，以守法爲懦弱。

煬帝繼之，因府庫之富，乃尚奢侈，大事巡遊；

煬帝營繕之事煬帝承文帝富庶之業，見天下無事，乃務爲奢侈，以洛陽爲東都，役丁二百萬人，大營宮室，廣輸珍異，鉅麗罕匹；欲舟行直達江南，乃大開運河，丁男不供，至役婦人，沿途置離宮四十餘所，於是失業者衆，民心始離叛矣。今表列諸河疏導之迹如下：

第十三章　隋唐政學

隋世水功表

河名	工事概況	今時河道
通濟渠	（一）自西苑（今洛陽縣西）引穀、洛水，入于河	未詳
	（二）自板渚（在汜水縣東北）引河，歷榮澤入汴	一稱汴渠，爲唐宋間自淮達河之運道，今久堙廢
	（三）自大梁東引汴入泗達于淮	
邗溝	自山陽（今淮安縣）至揚子（今儀徵縣）入江	今江蘇裏運河
永濟渠	引沁水南達于河北，通涿郡	今衛河，亦曰御河
江南河	自京口至餘杭（今浙江杭縣）	今江南運河

按自夫差城邗溝以後，運河始有雛形。煬帝則上起汴洛，下達餘杭，爲溝通之；雖一時有勞民傷財之患，然南北交通自是大便，無形中固利及後世矣。

民不能堪，則聚爲盜賊，不可勝數。

煬帝初政，懲文帝煩苛，頗從寬典。後以外事四夷之故（見下章），兵革歲動，賦斂滋繁；又巡幸所至，地方官吏各有進獻，每以供費不給，逆收數年之賦；又紀綱既廢，貪吏輩出，賄賂公行，百姓窮而無告，遂聚爲盜賊。近臣互相掩蔽，盜益難治。帝乃更立嚴刑，敕天下竊盜以上，罪無輕重，不待聞奏，皆斬。然百姓嗟怨既久，土崩之勢已成，雖嚴法不能救也。

隋末之土崩

李淵乘之，遂起兵入長安，尋受隋禪而爲唐。

李淵本太原留守，次子世民有大志，見隋亂，勸淵起兵。淵因乞援突厥，渡河而西，破長安。時

唐之篡隋

109

煬帝方巡幸江都，淵乃遙尊爲太上皇，別立恭帝侑。上皇見中原已亂，無心北歸，將士因共謀反，殺上皇。淵在長安，自爲大丞相；明年，遂迫隋禪位，是爲唐高祖。隋凡三十七年而亡。時洛陽有王世充，河北有竇建德，江陵有蕭銑，朔方有梁師都，并州有劉武周，皆雄據一方，餘者尙不可勝數。秦王世民以次削平之，不過七年，天下大定。

唐太宗以撫安爲治，貞觀之政，比於周漢。

貞觀之治

高祖得天下，皆世民之力。天下既定，遂傳位世民，是爲太宗。太宗天資敏穎，遇事勇決，用房玄齡、杜如晦爲左右僕射。玄齡善謀，而如晦善斷，同心徇國，共稱賢相。又以魏徵爲諫議大夫。徵最能諫，前後數十疏，帝無不嘉納之。嘗謂："久安之民，驕佚難使；經亂之民，愁苦易化。"帝從其言，去奢省費，輕徭薄賦。卽位之初，歲比不登，帝勤而撫之，民雖東西就食，未嘗嗟怨。既而天下大稔，流散者咸歸鄉里，米斗不過三四錢，終歲斷死刑纔二十九人。東至於海，南極五嶺，皆外戶不閉，行旅不齎糧，取給於道路焉。

其時制度，爲日、韓諸國所取法。大抵隋開其端，而唐集其成。若官制、

三公變爲三省之隋唐

隋制：中央官以內史（卽中書令）、納言（卽侍中）爲相職，尙書總領其事，與六朝同。唐則三省長官，俱爲宰相，共議國政於政事堂；而於布佈政令，又各有所專掌。

茲列其職務如下：

省名	長官	職掌	官屬
中書省	中書令	宣天子詔敕	侍郎、舍人
門下省	侍中	審查詔敕	侍郎、給事中
尚書省	尚書令	施行詔敕	左右僕射、總領六部（吏、戶、禮、兵、刑、工），分治庶事

三省表

其後尚書不置令（以太宗嘗居其職），以僕射爲之長；又有以他官參掌機務者，則稱同中書門下三品（謂同中書令、侍中也），同中書門下平章事。地方官制，舊爲州、郡、縣三等。隋時承南北分立之後，郡縣濫設，十羊九牧，人少官多，乃罷天下諸郡，以州統縣，爲兩級制。唐分天下爲十道，置監司之官，曰按察使，專以察吏。下爲州縣，州置刺史，縣置令，如隋制。

隋唐地方官制

若刑法，其卓著者也。（兵制、稅法詳另章）

我國刑法，至北齊而有簡要之觀。隋文帝更定新律，除前代鞭刑，及梟首、轘裂之酷，又有議請減贖當免之法。始置律博士弟子員，斷決大獄，必先牒明法，然後依斷，一切科條，視昔爲文明；然禁網深刻，有盜取一錢棄市之法。又喜怒不常，不盡依法。煬帝雖嘗減輕之，而天下已不可爲。唐既代隋，乃更定律十二篇，大體沿隋之舊，而史家稱其有"削煩去蠹，變重爲輕"之善焉。

隋唐刑制之特色

今表其刑名及等則如下：

111

刑名等則表

笞刑	一十	二十	三十	四十	五十
杖刑	六十	七十	八十	九十	一百
徒刑	一年	一年半	二年	二年半	三年
流刑	二千里	二千五百里	三千里		
死刑	絞	斬			

按刑名等則，自宋至清，雖小有殊別，而大體不出唐制。故此後諸朝，惟記其他特異者而已。

司法制度

至於司法之官，在外者由州縣推斷；在京師者，杖以下委有司，徒以下送大理寺；鞫大獄時，刑部尚書與御史中丞、大理卿參議，謂之三司，所以期於詳審也。

隋承南北朝之敝，學校雖立，通才罕得，暮年至下廢州縣學之詔。

隋初罷學之由

隋文帝仁壽元年，減國子學生，止留七十二人；太學、四門、州縣學並廢（太學、四門學、國學三者不同之點見下），謂"徒有名錄，空度歲時，未有德爲世範，才任國用，良由設學之理，多而未精"。按自南北朝之後，教育無實效之故有四：

（1）佛、老諸家，紛然雜作，不似漢代學者之專篤；

（2）世主未能盡意提倡，隋文帝更但尚刑名，毫無學術；

（3）博士多不稱職，通儒反在草野；

（4）諸州雖有常貢之典，然皆隨例銓注（猶今之保舉）。其舉秀才能對策者，終隋世不十人，

有應詔者反沮抑之。(參《通考》二十九)

文帝罷學，亦自有以也。

煬帝繼之，稍崇儒學，然未久而天下大亂。

煬帝雅善文詞，諸所制作，漸變輕靡而入於豪健。其嗜尚既與父異，故即位以後，復興庠序，盛於厥初；又徵辟儒生，講論得失。燕齊趙魏之間，自後魏時已多儒者，至是信都劉焯、河間劉炫，並以學通南北，被用爲太學博士，爲時所宗。然帝好遠略，戎馬不息，師徒怠散，故其效未大著焉。〔煬帝之興學〕

惟有一事，爲後世科目所導源，則進士科之設是也。

自中正以閥閱選官，而仕途幾爲士途所專有。煬帝始設進士科，以策問取士（據唐楊綰言，其制不可考），此事所貽之影響，如下所云：〔煬帝設進士科之影響〕

（1）無貴賤之異，雖白身亦可登第爲世用；

（2）古時選士，重在行實，自後遂專尚文辭；

（3）進身限於一途，古代鄉舉里選之遺意全失。

然後世雖深察其弊，而卒不能有以易之，亦可以見其勢力之偉矣。

唐有天下，學制始燦然具備。

唐之學制，京師有學六，館二，其等級名額如下：〔唐之學制〕

唐代官學表

監督官署	學校名	入學資格及名額
國子監	國子學	三品以上之子孫，三百人
	太學	五品以上之子孫，額五百人
	四門學	七品以上子，及庶人之俊異者，額千三百人
	律學	八品以下子，及庶人之通其事者，額五十人
	書學	同律學，額三十人
	算學	同律學，額三十人
門下省	弘文館	宗室及功臣子弟，額三十人
東宮	崇文館	同弘文館，額二十人

外則州縣亦皆有學，大徵天下名儒爲學官，增築學舍千二百間，自屯營飛騎亦給博士，使授以經。於是四方學者，雲集京師，乃至高麗、百濟諸君長，亦遣子弟請入國學，升講筵者，至八千餘人。

惜太宗未深得設教之意，乃以官定注疏，束縛學者；

南北經說之糅合

南北分立，經說亦歧。隋世如二劉，皆兼治南北，漸有折中之傾向。唐太宗以經說多門，章句繁雜，始命孔穎達等雜取漢魏之注，爲《五經》作疏，謂之正義。《周禮》《儀禮》及《公》《穀》二傳，則同時賈公彥等，亦分作義疏，合《正義》爲《九經》。其中宗鄭注者四（《毛詩》及《三禮》），餘則《易》取王弼注，《書》取僞孔傳，《左傳》取杜預注，《公羊》取何休解詁，《穀梁》取範寧集解，並列於學官，勒爲功令，於是經學始定於一尊。而漢儒古注未經採取者，遂竟淪亡，終唐之世，經學之進步鮮焉。

第十三章 隋唐政學

又循隋制，以科舉奔走天下之士。

唐代貢舉之法，先使士子懷牒自列於州縣（按如今報名）；州縣試其可者，送之京師，曰鄉貢。其由國學及弘文等館卒業者，則亦貢之，曰生徒；每歲會而試之於禮部。其科目有秀才（試方略策）、明經（試經義及時務策）、進士（試詩賦及時務策）等名，而進士科應者最多，所試率詞章末技，不切實用，即明經所試，亦但以帖經墨義爲通（帖經參《通考》二十九，墨義參《通考》三十）。故代宗時賈至有言："今試學者以帖字爲精通，考文者以聲病爲是非。"蓋空疏陋劣，一至於此。此視漢代"設科射策，勸以官祿"，又遠不逮矣。

科舉壞學術

於是唐之一代，無甚學術思想可言，惟於文藝上現其異采焉。

先是隋承文學綺靡之敝，文帝嘗欲斲彫而爲樸，而時俗難改，然其時士大夫，已知返於質實。龍門王通，隱居教授，作《中說》十卷，摹擬《論語》，文體之變，通其機栝。唐太宗最好文學，提倡甚至，又兼容並包，不主一格，由是文藝發達，遠邁前古。於詩則古近律絕，無體不備，格律之嚴，對仗之工，音韻之叶，俱自唐始。於文則八代餘習，初唐猶然。開元、天寶中，蕭穎士輩始倡爲古文，獨孤及和之。韓愈學獨孤及之文，乃力矯舊失，閎中肆外，力追漢人。其友柳宗元亦能文，雄深雅健，與韓齊名。於是文章乃有氣骨，靡弱之風一振，世謂之"古文辭"云。

隋唐文藝

第十四章　隋唐國際

隋唐外　　　自晉至隋，外族之著者，有高麗、百濟、新羅、突厥、吐谷渾諸國。

隋唐外族表

國名	由來	所據地域	備注
高麗	本小濊貊種，乘漢之衰，據地自立。東漢初，奉朝貢	今朝鮮半島北部，及遼河以東之地	初名高句麗，南北朝末，省稱高麗
百濟	與高麗同族，西漢末自立，晉時受藩爵	今半島西南部	
新羅	古朝鮮遺民，西漢末自立，苻秦時始貢於中國	今半島東南部	
突厥	本平涼雜胡，舊居金山（今阿爾泰山）之南。東西魏時，東破柔然，盡有匈奴故地	東包內外蒙古，西至中亞細亞	匈奴故地，凡三易主：東漢末，鮮卑居之；後魏時，柔然居之；至是，突厥居之
吐谷渾	本遼東鮮卑，西徙陰山。因晉亂，遂吞併諸羌而有其地。南北朝時最盛	今青海一帶	

而突厥最強。隋竭二世之力，僅能撫柔之。

第十四章　隋唐國際

隋世突厥之難馴

突厥旣統葱嶺東西之地，士馬強盛，連寇中國北邊。周、齊相爭，各恐爲敵援，競結婚姻厚幣歲以奉之，其族益驕。隋文帝患其強，特於朔方築長城，東距河，西至綏州（今陝西綏德縣），綿歷七百里，以備之。時突厥分地而治：東爲沙鉢略可汗，居都斤山（在今杭愛山附近）；西爲達頭可汗，居千泉（在今俄屬中亞細亞塔拉斯河上游）。文帝用長孫晟言，構兩突厥使相攻，沙鉢略大困，遂上表稱臣於隋；既而其孫啟民可汗復受攻於西突厥，敗而來奔，隋處之夏、勝二州（夏州今陝西橫山縣境，勝州今鄂爾多斯左翼後旗）之間。煬帝北巡，幸其帳，賞賜甚厚。

煬帝之朝，頗勤遠略，然惟招降西域，擊平吐谷渾，有拓地之盛。

煬帝朝西域之復附

西域自漢以後，復與中國絕。苻秦、後魏，嘗服屬之；然其間諸國分合，多不可詳。隋時，西域諸胡，多至張掖交市，煬帝使吏部侍郎裴矩掌之。矩知帝好遠略，商胡至者，矩誘訪諸國山川風俗，撰《西域圖記》三卷，合四十四國奏之。略謂自敦煌至於西海（在條支西，卽地中海），凡爲三道：北道從伊吾，中道從高昌（卽車師，今新疆土魯番地），南道從鄯善，三者爲西域門戶，而總湊敦煌。諸國縱橫將二萬里，但突厥（此西突厥也）、吐谷渾分領，爲所擁遏，朝貢不通。帝於是實行以下二策：

（1）西突厥處羅可汗有母系中國人，時留長安。裴矩聞處羅思母，請遣使招懷之，處羅受詔，納貢入朝。

（2）用鐵勒（突厥之屬部）兵擊吐谷渾，破之，於是且末（今新疆屬縣）以東四千里之地，皆爲隋有。

兩患既服，乃命裴矩說高昌等國，昭以厚利，召使入朝，於是西域二十七國皆內屬。帝悉遣兵戍之，置諸郡縣。是時，隋之疆域，稱極盛焉。

高麗之伐，則累出無功，羣盜卽因是以起，是皆隋與外族之關係也。

東征與羣盜之起　　高麗在隋初，常寇遼西，文帝伐之，不利而還。煬帝立，徵其王入朝，不至，於是發師百萬伐之，至鴨綠江，敗歸。自後凡三舉，僅得其乞降。而勞師於遠，徵發海內，戰士及餽運者塡咽於途，晝夜不絕。耕稼失時，田疇多荒，百姓困窮，又苦軍役，遂相聚爲羣盜，不可勝數，此最隋亡之直接原因也。

唐之武功，遠邁前古。自太宗以迄高宗，北而東突厥諸部，

唐之北拓　　東突厥至隋末復強。唐高祖初興，又嘗稱臣借援兵，贈遺極厚，突厥由是頗侮唐。太宗時，其國頡利、突利二可汗有隙，屬部離叛。帝遣李靖擒頡利，而突利先降，遂滅東突厥，拓地自陰山北至大漠。初，漠北有鐵勒部，久服屬突厥，以薛延陀、回紇二部尤強。突厥既滅，諸部東占其地。其後回

第十四章　隋唐國際

紇乘薛延陀內亂，破之。太宗遂遣李勣乘勢滅薛延陀，於是自回紇以下，皆遣使請吏，臣服於唐，今之內外蒙古地也。

西而吐谷渾、吐蕃、西突厥及西域諸國，

太宗時，命李靖討吐谷渾，使之內屬。吐蕃（今藏族）入寇，命侯君集討服之，妻以文成公主，使販佛教，於是西藏始入版圖；而南與印度爲隣。西域諸國，隋末復稱臣突厥。頡利破，伊吾來降。而高昌則與西突厥相結，遏絕西域朝貢，帝又命君集擊滅高昌。高宗初，又遣蘇定方擊破西突厥，悉定其地。

〔唐之西拓〕

東而高麗、日本，咸爲中華聲教所被。

朝鮮分爲三國，已具前表。唐興，新羅受攻於二國，來乞援，太宗親征之，拔遼東，下白巖（今遼寧遼陽縣東北），以天寒食盡而還。高宗朝，新羅又乞援，於是遣蘇定方滅百濟，遣李勣滅高麗，而朝鮮半島北半入唐爲郡縣。日本出兵援百濟，唐將劉仁軌敗之於白江口（在熊津）。唐遣使至其國，自是往來漸繁。

〔唐之東征及日本之通〕

土地既廣，於是內則十道並建。

我國地方制度，自漢至隋，最大區域並爲州，皆沿《禹貢》舊名，時有增損。隋季羣雄割據，建置紛然。天下既一，州縣之數，倍於隋代。太宗即位，思革其弊，乃大加併省，因山川形便，分爲十道。自後宋元之所謂路，悉沿唐制也。十道者：一

〔地方官制之大改革〕

曰關內（今陝西北部，甘肅東部），二曰河南（今山東、河南及蘇、皖淮北地），三曰河東（今山西），四曰河北（今河北及河南、山東交界處），五曰山南（今陝、豫、川、鄂四省接近處），六曰隴右（今甘肅及四川西北隅），七曰淮南（今蘇、皖、江淮之間，及豫、鄂東境），八曰江南（今蘇、皖、鄂江南地，及浙、閩、贛、湘、黔五省，又四川東境），九曰劍南（今四川大半），十曰嶺南（今兩廣及安南），皆內地也。

外則沿邊設六都護府，統羈縻府州，而仍分隸於諸道。

唐之四訖

唐初經略外國，既著偉功，海南諸小國，亦紛然來庭，於是唐之威令，東逾海，北被內外蒙古，西接波斯，南至後印度諸國。乃卽其部落，置羈縻府州，以其首領為都督、刺史，而設六都護以分統之。

六都護表

都護府名	治所	轄境	附注
安東都護府	初治平壤，後移；遼東城	今滿州及朝鮮	肅宗時廢
安北都護府	治狼山府（今外蒙境）	今外蒙	未幾南徙
單于都護府	治雲中城（今綏遠托克托縣）	今內蒙	
北庭都護府	治庭州（今迪化）	今天山北路	德宗時陷入吐蕃
安西都護府	治焉耆	今天山南路	同上
安南都護府	治交州（今安南東京）	今南海諸國	

第十四章　隋唐國際

國際交通旣便，商業遂連帶以興。

唐時中外貿易之孔道有七，皆置關徵稅。其中陸路有五：曰營州（今熱河朝陽縣），入安東道；曰夏州（今陝西橫山縣西），塞外通大同雲中道；曰中受降城（今綏遠五原縣），入回鶻道；曰安西，入西域道；曰安南，通天竺道（通吐蕃後，不由安南）。其交易皆置互市監掌之，其制始於隋，而唐時爲盛。高宗時，大食（西史稱薩拉森，即今阿剌伯）滅波斯，操世界商權之牛耳，東來者益衆焉。

唐之國際留易

海道則有二：曰登州（今山東蓬萊縣），入高麗、渤海道；曰廣州（今廣東番禺縣），通海夷道，而廣州最盛。唐置市舶使，主舶脚收市進奉之事，一時大食諸邦，番船交於海中，爭輸珠香象犀玳瑁奇物，與唐互市。市舶使收入，爲關稅大宗，諸蕃客且緣海入江，商販於揚州。我國茶繒諸品，亦頗爲西洋所珍云。

西土諸宗教，亦次第東行。

唐之疆宇，旣與波斯、大食爲鄰，於是海外諸異教相繼傳入，具列如下：

西土異教之紛來

（1）回教。天方人摩訶末所創。先是隋煬帝時，摩訶末遣其徒撒哈八浮海東來，請於朝廷，建懷聖寺於廣州，是爲回教入中國之始。厥後回紇人信之，中宗時，爲突厥所破，徙居甘涼間，於是內地始多信徒。

（2）祆教。波斯人瑣羅斯德所創，亦稱拜火敎。大食國興，敎徒被虐待，乃東徙。貞觀五年，有傳法穆護何祿詣闕聞奏，敕建祆寺於長安。

（3）景敎。東羅馬基督敎徒聶斯托良所創，耶敎之別派也，爲敎中所不容，波斯王崇奉之，漸入中國。貞觀九年，波斯人阿羅本攜經像來獻，太宗爲建波斯寺。玄宗時，詔波斯經敎，本出大秦，改寺曰大秦寺。

（4）摩尼敎。波斯人摩尼所創，融合祆、耶、佛諸敎敎義而成。唐初由波斯人傳入中國，回紇人初甚信之。憲宗時，請於河南、太原二府建摩尼寺，許之。

而佛敎名德，若玄奘輩，又因交通之便，遠遊天竺，齎還釋典，譯布中夏云。

佛學之全盛

自法顯求經天竺而後，閱二百餘載，而玄奘出。玄奘博治內典，慨譯本之訛謬，貞觀初，隨賈人西行，取道高昌，經中亞細亞以至印度，凡十七年而歸，得經典六百五十七部，奉詔翻譯，成千餘卷。至高宗時，又有僧義淨，浮海入印度，齎還佛典四百部，傳布益弘。於是因所治經典，判分宗派。其中義理微妙者，推法相、三論、華嚴諸宗，天台宗且爲中土所自創。佛敎哲學，四宗稱最。中土又多法器，能張其學，故大乘敎義，多印度僧侶所未聞。餘如律宗主持戒，淨土宗主念佛，禪宗主不立文字，明心見性，信者尤衆。迄於唐末，諸宗多衰，惟此三者，暢行如故焉。

第十五章　唐政中衰

　　初唐以武力開基，行府兵之制。

　　自北周以後，隋唐俱行府兵制，而唐制爲備。其制：於全國設折衝府六百三十四，而在關內道者二百六十一，以強根本，皆以隸諸衛（禁衛之官）。府有三等，上府有兵千二百人，中府千人，下府八百人，皆置折衝都尉以統府事。民二十爲兵，六十而免。武器藏之官庫，有事則命一大將，率之而行，事畢歸農。教練於季冬，由折衝都尉行之，仍每年番上宿衛京師。 　唐初府兵制度

　　其後久不用兵，府兵法壞，雖更以彍騎，而終不堪任戰。

　　厥後太平既久，統兵者不復教練，恆奴使之。其番入宿衛者，或逾時不得代，於是人視爲畏途，逃亡且盡，宿衛不能給。玄宗初，宰相張說請募士宿衛，雜選京輔各州府兵及白丁爲之，每歲一番，號曰彍騎。自是府兵闕者不復補。迨天寶以後，彍騎之法又變廢，諸州至無兵可交，乃募市人以充宿 　府兵之壞

123

衛，兵制大壞。

唐玄宗內治旣隆，又欲外制夷狄，乃於邊地設十節度使，於是天下精兵，悉歸方鎮之手；

開元之治　玄宗卽位，姚崇、宋璟相繼爲相。崇善應變成務，璟善守法持正，二人志操不同，然協心輔佐，使賦役寬平，刑罰清省，百姓富庶，故開元之政，比於貞觀。自高宗之末，內亂相繼（如武后稱制稱帝，前後二十年；中宗復位，又有韋后專政，繼行弑逆之類），未遑夷狄。高宗時，吐蕃滅吐谷渾，屢寇河洮。武后時，突厥又強。玄宗遣王忠嗣滅突厥，國威稍振，乃置十節度使以備邊：曰安西，曰

邊鎮之設　北庭，曰河西（治涼州），曰隴右（治鄯州，今青海西寧縣），曰朔方（治靈州，今甘肅靈武縣），曰河東（治幷州），曰范陽（治幽州，今河北大興縣），曰平盧（治營州），曰劍南（治益州），曰嶺南（治廣州）。而西北二邊，以制馭吐蕃、突厥、契丹（契丹別詳）之故，兵力尤厚焉。

卒召安史之亂，元氣大傷。

安史之亂　玄宗末，方鎮漸強，旣而寵安祿山，以爲平盧節度使，尋又兼范陽、河東兩鎮，祿山生心，舉兵反。天子之兵，皆不能受甲，望風而潰（惟江淮以張巡死守睢陽得完）。京師遂陷，帝西奔蜀。肅宗卽位靈武，用郭子儀、李光弼爲將，借兵回紇，以圖恢復。會祿山爲其子所殺，始復兩京（長安、洛陽）。旣而賊將史思明又叛，陷東京。代宗又以回

紇兵討之，亂復平。前後大亂凡九年，史稱"安史之亂"。

影響所及：一曰外患迭起，

唐中葉以後之外患，不無瑣碎，今立表於下，期於簡明：

安史之惡影響一（外患）

中葉外患表

國名	今地	爲患原因	爲患最烈情狀	衰亡原因
回紇（德宗時改號回鶻）	外蒙古	挾收復兩京功	婪索無厭	濡染華風，漸流衰弱。文宗時，爲其西北黠戛斯部所破，餘衆或降唐，或四走散
吐蕃	青海及西藏	乘亂奪隴右河西地	代宗元年陷長安，大掠半月	憲宗初，其屬部沙陀叛而來歸，未久遂乞盟。宣宗因得收復河湟
南詔	雲南	玄宗封爲雲南王。天寶中，劍南節度失政不善馭	北臣吐蕃，屢寇西川。唐末稱帝，嘗陷安南都護府	懿宗用高駢，累擊破之，國勢漸衰，乃不爲患

二曰財政紊亂。

唐代田制，初仿後魏，行均田法。凡天下丁男，給田一頃，篤疾減十之六，寡妻妾減七，皆以二十畝爲永業，餘爲口分。每丁歲入粟二石，謂之租；隨土地所宜而輸織品，謂之調；歲役二旬，不役則收其傭，謂之庸（亦以織品上之）。租爲田稅，調爲戶賦，庸爲口錢，斂財甚均。歲造計賬，三年造戶籍，凡田之收授，丁之增減，胥詳焉。

安史之惡影響二（財政）

租調庸

兩稅

　　至開元以後，造帳不時，版籍失實，兼并踰於漢時。又安史亂後，賦斂不定，有司隨意增科，自立名目。富者因緣避課，貧者逃徙，土著十不四五。直至德宗之時，楊炎爲相，始就當時人民現產，按畝計等，作兩稅法；夏輸無過六月，秋輸無過十一月，商賈別稅之。其租庸雜賦悉省，惟丁額不廢。雖不失爲濟時之法，而井田遺意，無復存矣。

　　三曰藩鎮跋扈。而藩鎮之禍，視前二者爲尤烈。

安史之惡影響三（藩鎮）

　　自玄宗置十節度，天下精兵，遂在藩鎮，《新唐書・兵志》記之最悉。其略云："大盜旣滅（謂安史），武夫戰卒，以功起行陣，列爲侯王者，皆爲節度使。由是方鎮相望於內地，大者連州十餘，小者猶三四，故兵強則逐帥，帥強則叛上。或父死，子握其兵而不肯代；或取捨由於士卒，往往自擇將吏，號曰留後，以邀命於朝。天子顧力不能制，則忍恥含垢，因而撫之，謂之姑息之政。蓋姑息起於兵驕，兵驕由於方鎮。姑息愈甚，則方鎮愈驕。由是號令自出，以相侵奪，虜其將帥，幷其土地，天子熟視不知所爲，反和解之，莫肯聽命。"

　　大抵姑息於代宗，披昌於德宗，至憲宗乃始暫平。

兩河諸鎮六十年間之跋扈

　　先是安史旣平，朝廷憚更易，卽以降將授方鎮

126

第十五章　唐政中衰

之任，如河南之淄青（治青州，今山東益都縣）、淮西（治蔡州，今河南汝南縣），則安祿山之餘黨；河北之盧龍（治幽州，今河北盧龍縣）、成德（治恆州，今河北正定縣）、魏博（治魏州，今河北淸豐縣），則史思明之餘黨。而河北三鎭尤桀驁，治兵完城，不供貢賦，與淄青等鎭結爲婚姻，互相表裏，代宗不能制，羈縻而已。

德宗立，厲精求治，會成德節度使李寶臣卒，子惟岳請襲，不許，遂與魏博田悅、淄青李正己抗命。惟岳旋死，盧龍朱滔繼反，與魏博、淄青皆自稱王，推滔爲盟主。未幾，淮西李希烈亦舉兵應之。帝發涇原（治涇州，今甘肅涇川縣）兵討希烈，過京師作亂，推朱泚（滔之兄）爲主，帝奔奉天（今陝西乾縣）。賴渾瑊李晟等赴援，久乃收復。

憲宗英武，能以法度裁制諸鎭。淮西節度使吳元濟逆命，且縱兵掠及東畿。帝以裴度爲招討使。度用李愬，以計入蔡州，擒元濟，送斬京師。於是河北三鎭皆懼而用命，先後納質歸朝。淄青李師道不服，詔諸道討平之。蓋自代宗以來，兩河跋扈，垂六十年矣。

而宦官專權，朝政日頹，

唐制：中官屬內侍省，不置三品官，但守門傳命而已。高力士在玄宗朝，頗見寵信，然尙未敢驕橫也。肅宗朝，李輔國始專政。代宗至使魚朝恩典禁兵，判國子監事。德宗猜忌宿將，以神策等軍委

宦官亂唐

127

內官主之，其勢遂不可制。帝自恃英武，而厥後卽爲宦官所弒。文宗嘗謀誅宦官，而甘露之變，宰相反爲宦者所殺。自穆宗以後，傳帝七八，皆宦官所立。其或朝臣分黨相爭（如李德裕、牛僧孺兩黨），宦官益得藉以攬權。是時河北三鎮又叛，後終不復取。一切國事皆決於北司，宰相行文書而已。

百姓迫於苛政，則相聚爲盜賊。

唐代內治與人民生計我國人民生計，常視國家賦役爲消息。唐興不百年，賦役寬平，戶口蕃息。開元之初，天下戶九百六十餘萬，邁於隋世。（隋極盛時戶八百九十萬。）安史之亂，天下兵起，百役並興，人戶凋耗，軍國之用，朝廷與節度各有賦斂，名目數百，新舊仍積，不知其涯。百姓竭膏血鬻親愛，旬輸月送，無有休息。楊炎兩稅法行，明言不得一毫更取於民；而用兵藩鎮，國庫不給。德宗用盧杞言，至於稅間架（屋二架爲間，計其廣狹以征稅），算除陌（公私給與及買賣，每百官留五錢），苛細已甚。朱泚平後，帝益好聚斂，常賦之外，更積私財；而連年用兵，至月費百餘萬緡。僖宗寵宦者田令孜，呼爲阿父。令孜導以奢淫，府藏空竭，則籍商旅寶貨，悉輸內庫，有陳訴者，付京兆杖殺之。屬連歲旱蝗，耕桑半廢，斗米至錢三十千，而賦斂急迫，無可告訴，遂相率爲盜，以黃巢之亂爲最。江楚河淮，所過無孑遺，最後入長安，僖宗奔蜀，沙陀部李克用入援，久乃破巢，計前後亂凡十年。

第十五章　唐政中衰

厥後藩鎮以平盜功，威權轉張。昭宗欲藉之以平宦官，終乃爲所劫制，以至於亡，是則積重難返之故也。

唐昭宗時，李克用以平巢功，已爲河東節度使。巢降將朱全忠則以宣武節度使鎮汴。帝有恢復志，與宰相崔胤謀，召朱全忠入殺宦官。全忠率兵入長安，誅中人無遺類，自是全忠威鎮四方，進爵梁王。既而殺崔胤，遷帝於洛陽。是時國門之外，南則吳、浙、荊、湖、廣、閩，西則岐、蜀，北則燕、晉，皆以大鎮擅命四方，與全忠抗。而晉之李克用，則又與全忠本有隙。全忠懼生變，且忌帝英武，遂弒昭宗，立哀帝。又三年，迫其禪位而弒之，是爲梁太祖，唐凡二百九十年。

藩鎮亡唐

第十六章　五代十國

　　唐旣滅亡，天下復分，就上承唐代之一系言，則有五代。

三百餘年統一之復分

　　隋、唐旣統一中國，歷三百二十九年，天下復分而爲五代十國，此其中亦自有故。大抵我國專制之世，能混一者，必世世能爲天下所歸往，然後向心力乃始膠固。故防維制馭之術，關係至重，天下

分合之理

梟傑，不一其人，主威一失，則人各生心，雖有積柄，無難立解。五代十國之分立，其人皆梟傑之尤者也。五代者，並非天下共主，其實與十國同爲割

五代釋義

據，特以其上承李唐，下開趙宋。又宅中建國，異乎邊隅（後唐都洛陽，後梁等四代都汴），故史氏命之曰五代云爾。

　　其相嬗之次，曰後梁、後唐、後晉、後漢、後周，皆境土狹小國，國祚短促。

第十六章　五代十國

五代表

朝名	建國者	種族	略歷	得國途徑	疆域	傳國年數
後梁	朱溫（卽朱全忠，是爲梁太祖）	漢	初從黃巢爲盜，唐末爲宣武節度，封梁王	篡唐	盡得唐河南道諸州，亦兼有關內、河北、河東、山南地	十七年
後唐	李存勗（唐莊宗）	沙陀	父克用，仕唐爲河東節度使，封晉王。存勗襲位	與梁世仇，乘梁末勢衰，起兵取之	有梁故地，又西併鳳翔，南收巴蜀	二十四年
後晉	石敬塘（晉高祖）	沙陀	後唐河東節度使	稱臣契丹，藉以亡唐	有唐故地，而略十六州於遼	十二年
後漢	劉知遠（漢高祖）	沙陀	後晉河東節度使	遼兵入汴，廢晉出帝。知遠奉表於遼，尋受將士推戴爲帝	有晉故地，惟隴右頗入於蜀	四年
後周	郭威（周太祖）	漢	少賤，後仕漢爲西南招慰安撫使侍中	出征澶州，將士擁立而還，遂受漢禪	有漢故地。世宗南擴地至江，北取遼瀛、莫二州，西取蜀隴右地，土宇最廓	十年

五十三年間，政治學術，殆無可言。

五代在中國爲亂世，其政學無足稱者，究其原因，亦有數焉。

五代政學黜黯之由

（1）在位者鮮出身士大夫，歐陽修所謂："黥髠盜販，袞冕峨巍。"卽不然，亦武夫而已，通達治體者實鮮見。

（2）篡奪紛紜，年代短促，於政事不遑有所設施。

（3）上不治學，無以提倡士類。

重以《五代史》僅有紀傳，於政學大端罕有記載，是以後世不著也。

惟唐明宗內治較優；

唐明宗之治　明宗名嗣源，本代北胡人，克用養子，目不知書，而頗務息民，內無聲色，外無遊畋。初卽位，廢內藏庫，四方所上物，悉歸之有司，矜愼庶獄，凡死刑悉命覆奏乃定，吏有犯贓，輒置之死，以詔書褒廉吏，風示天下，蓋守文之賢主也。在位十年，年屢豐登，兵革罕用，於五代中，較爲小康。

其雕印九經，於流布文化，關係尤大。

雕板術與文化　古時書籍皆寫本，唐末益州書肆，始有雕板印書者；然公私藏書，猶用卷軸。官書自黃巢之亂，存者已鮮，昭宗西徙，蕩然無遺。後唐稍求遺書，明宗始從馮道之請，命國子監校定九經，雕印賣之. 自是學者易於得書，杭本、蜀本紛然繼出矣。此與火藥、指南針，號中國三大文明，而印書術關係學術尤鉅。雖學者致書甚易，用力或不及前此之精，又板本旣多，則展轉易訛，不無流弊（葉夢得語），而流布之功，畢竟偉矣。

第十六章　五代十國

周世宗簡閱諸軍，能除累朝姑息之弊，亦足稱令主。

　　世宗柴榮，本太祖養子，爲人明達英果，議論偉然。初，宿衛之士，累朝相承，務求姑息，不欲簡閱，恐傷人情。由是羸老者居多，但驕蹇不用命，實不可用，每遇大敵，不走卽降。其或藉以得國，賞賚優厚，益啓其驕心。世宗深察其弊，乃命大閱諸軍，精銳者升之上軍，羸者斥去之。又以驍勇之士，多爲藩鎭所蓄，詔募天下壯士，咸遣詣闕，命趙匡胤選其尤者，爲殿前諸班。其騎步諸軍，各命將帥選之，由是士卒精強，所向咸捷。

周世宗之整武

　　餘多卑卑不足道，而晉高祖以地賂契丹，遂開中夏未有之惡例。

　　契丹者，古東胡遺種，國於潢河（今西喇木淪河）之北，唐時叛服不一，唐末漸衰。後梁末，已並有女眞等部，其酋耶律阿保機遂稱帝，建臨潢（今熱河林西縣）爲都，西征回鶻，至於流沙，東滅渤海（國名，今遼寧、吉林地），西北降黠戛斯，聲威始大，是爲太祖。子德光嗣立，始改國號曰遼，是爲太宗。

契丹之興

　　石敬瑭仕後唐，明帝以爲河東節度使，使禦契丹。敬瑭有異志，唐末帝命移鎭天平（卽鄆州，今山東東平縣）。敬瑭拒命，唐發兵討之，敬瑭遂稱臣契丹以求救，且請父事之，約事捷割地。遼太宗

石晉賂契丹

133

喜，將騎五萬至晉陽，大敗唐軍，策敬瑭爲晉帝，親解衣冠授之。敬瑭割幽、薊、涿、順、檀、瀛、莫、新、媯、儒、武（今河北境）、蔚、雲、應、寰、朔（今山西境）十六州以賂契丹，仍歲輸帛三十萬匹，尊遼主爲父皇帝，慶弔贈獻，不絕於途；或有所責讓，卑詞謝之，不以爲恥也。遼遂以臨潢爲上京，而幽州爲南京云。

契丹由是始爲中國患。

契丹禍華之始

敬瑭死，其兄子重貴立，是爲晉出帝。嘗忤遼，遼太宗以兵南下，遂入大梁，執出帝去，徙之黃龍府（今遼寧開原以北一帶地）。太宗則留汴不歸，遣其部族酋豪爲刺史、節度使，括借天下錢帛以賞軍。胡兵人馬不給糧草，日遣數千騎，分出四野，劫掠人民，號爲打草穀，東西二三千里之地，民被其毒。由是內外怨憤，所在盜起。太宗居汴三月，卒置戍而還，所得之地，皆不能守。劉知遠遂代晉而爲漢。此契丹禍華之嚆矢也。

其後周世宗有北征之舉，取關南地，不幸遇疾還師，功用不就焉。

關南之平

世宗有統一中原之志，既整飭軍備，遂伐蜀，取隴西地；又伐南唐，廓地至江。尋以北鄙未寧，遂自將伐遼，取瀛（今河北河間縣）、莫（今河北肅寧縣）、易（今河北易縣）三州，既又定瓦橋（今河北雄縣）、益津（今河北霸縣）、高陽（今河北高陽縣）三關。於是關南悉平，復議取幽州，以

第十六章 五代十國

不豫而止，置戍而還。自是中國與遼，以瓦橋關爲界。其地有白溝河（在今河北定興縣，其上流卽拒馬河），爲南北界水，距燕京凡三百二十里。

十國者，大都唐末之藩鎭，與朱溫、李克用地位相埒，以唐之衰，遂乃割據諸州，互相攻伐，與五代相終始。

十國表：

國名	建國者	略歷	立國情形	疆域	傳國年數	結果
吳	楊行密	唐宣州觀察使，封吳王	唐亡，猶奉正朔，子溥始稱帝	北至淮，南至震澤，西至沔口	四十六年	南唐篡之
南唐	李昇	吳將徐溫養子	篡吳稱帝，子璟始稱臣於周	同吳	三十六年	宋滅之
蜀	王建	唐西川節度使，封蜀王	朱全忠篡唐，建卽稱帝	劍門以南	三十五年	後唐滅之
後蜀	孟知祥	後唐西川節度使	後唐末稱帝	同蜀	四十一年	宋滅之
南漢	劉隱	唐清海節度使，封南海王	初稟梁正朔，弟巖始稱帝	嶺南北	六十七年	宋滅之
楚	馬殷	唐武安軍節度使，降梁，封楚王	世臣中原	湖南	五十七年	南唐滅之
吳越	錢鏐	唐鎭海鎭東軍節度使，封吳王	梁封爲吳越王，其後世臣中原	浙東、西	八十四年	宋興，以地來歸

續　表

國名	建國者	略歷	立國情形	疆域	傳國年數	結果
閩	王審知	唐武威軍節度使，封琅邪王	梁封爲閩王，子延鈞始稱帝	福建	五十五年	南唐滅之
南平	高季興	梁荊南節度使	所向稱臣	荊、歸、峽三州	五十七年	宋滅之
北漢	劉崇	漢高祖劉知遠弟，爲太原尹，守河東	後周篡漢，崇遂稱帝	太原以北	二十八年	宋滅之

註：燕王劉守光、岐王李茂貞，亦當時大鎮，不在十國之列。

其中創業之主，桀黠者負恃險遠，竊號自娛，然後嗣多昏暴。

十國概觀

十國之主，其始皆唐之方鎮也，蜀之王建、楚之馬殷、閩之王審知，皆起盜賊，唐末自領一方，朝廷不能制。蜀尤險固，與南漢劉巖、北漢劉崇，並以邊方而行割據。然南漢能自立，北漢則托庇契丹，蓋以地近中原故也。此數國者，以非在腹地，習於安佚，故內治鮮可觀。且往往甚昏暴，如南漢累世好殺戮，寵任宦官，又與馬殷後嗣，皆嘗演骨肉之禍。前蜀、後蜀皆侈靡。閩自王鏻以後，土木神仙，賣官重斂，與南漢最爲昏虐，惟北漢國貧而又多事，能自強，鮮昏主，故亡亦最後焉。

136

第十六章 五代十國

吳越、南平，則不與衆競，始終臣事中國，其智有足稱；

吳越王錢鏐，自唐亡以後，卽稟梁正朔，於諸國中貢獻最勤，嘗奉梁命征吳（楊氏）而敗，遂保杭越，不復用兵。臨死猶曰："子孫善事中國，勿以易姓廢事大之禮。"故其後世臣中原。或謂鏐之入貢，利於市易（梁時廷議所云），然既不能相勝，則不如稱臣以息民，蓋其智也。南平高氏，地僅三州，介居唐、吳、蜀之間，既不足稱強一時，故亦所嚮稱臣，兼以利其賞賜，當時諸國以"高賴子"稱之，以其狡也。

錢氏、高氏事大之智

然終不若吳與南唐，多行利民之政，爲有仁者之度也。

吳王楊行密據江淮富庶之區，又有廣土衆民，爲諸國冠；入五季後，其子孫不尚兵爭。徐知誥當國，留心民事，既敗吳越，遂休兵息民，民樂業者二十餘年。其後知誥篡吳爲唐（改姓名爲李昇），江淮比年豐稔，兵食有餘。或勸其伐晉，則曰："兵爲民害深矣，不忍復言。"亂世霸國有是語，大不易得也。綜其仕吳及稱帝以後，所行政事，如蠲丁口錢，及聽民納稅以穀帛代錢幣（自兩稅法行，民始以錢納稅，穀帛之值日輕，大以爲病），又按行民田，以肥瘠定稅則之類，皆極能利民。故史言其效曰："江淮間曠土盡闢，桑柘遍野，國以富

楊氏、李氏之內治

強。"有由然也。

五代十國之世，干戈興而學校廢，蜀及南唐以外，絃誦幾絕。

五代十國之文學　自隋、唐開進士科，學校益不爲世所重，五代尤有名無實。十國之中，惟蜀之王建，能用中國衣冠之士，典章文物，有唐遺風。後蜀有毋昭裔者，出私財百萬營學館，且請刻板印《九經》，蜀主從之，由是蜀中文學復盛。然諸國咸未嘗設科舉，南唐李璟之世，始一行之，及第者纔三人。璟及後主煜，並好文學。是時詩格已敝，而塡詞之體繼興，二主皆工爲之，清麗淒惋。蜀相韋莊，亦著名詞家也。自餘社會，則道家言爲盛。佛學至是頗衰微，經學則更無論矣。

故風俗濁亂，節義之士無聞焉。

五代十國之民俗　我國自昔相傳，以禮義廉恥爲立國之本。五代十國，其主皆乘時竊位，無君人之道，上無禮而下無學，故雖搢紳之士，鮮知廉恥。有馮道者，滑稽多智，能浮沈取容，歷事五朝（後唐、晉、遼、漢、周）八姓十一君，常不離將相公師之位，國存則依違保祿位，國亡則圖存苟免，雖興亡接踵，富貴自如，嘗自著《長樂老敍》，述其所得累朝階勳官祿以爲榮，君子鄙之，時人則皆以爲寬弘長者，莫復有訝之者。故史家稱風俗之壞者，五代其最焉。

卷　下

第十七章　宋政術

　　自魏晉以來，得天下者，其人大抵先朝重臣，外擁強兵，內典樞密，利人主愚幼，潛弱王室。而唐以後，以方鎮爲帝者尤多，蓋自宋太祖篡周而始結局。

宋太祖結方鎮爲帝之局

　　宋太祖趙匡胤者，周殿前都點檢，領歸德節度使，亦一藩鎮也。帝本周之宿將，仕世宗，累戰有功。世宗殂，恭帝立，會漢、遼會師入寇，詔匡胤率兵御之。夕次陳橋驛（在河南開封縣東北二十里），軍亂，推匡胤爲主，遂入汴，即帝位；尋分命諸將，南平蜀、南漢、南唐，以次削平。其後太宗立，又平北漢。吳越亦獻地。於是五代分立之局，至是終焉。

五十年分立又合

　　帝承唐末五代之敝，於內官頗防閒牽制，紛而無統；

唐中葉後樞局之回溯

　　自唐之中葉，專以同中書門下平章事爲宰相；三省長官不加平章，則非宰輔。代宗又置樞密院以掌兵謀，專以內侍爲之，而宰相之權始分，實爲官制之一大變。（魏晉任三省而罷三公，亦一大變。）五代時，樞密院參用士大夫（梁時稱崇政院），軍國大政，天子獨與樞密使議。宰相受成命，行制敕，講典故，治文事而已。宋沿唐制，置同平章事，又慮相臣之專，則置參知政事以副之。樞密院專掌兵事（亦參政事），如古太尉。而理財之事，則三司分掌之（度支使、鹽鐵使、戶部）。蓋專制人主，忌相臣之專，故利在區別職守以牽制其間；然牽制太甚，或至一事不能辦，又其短也。

宋之中央官制（牽制政策一）

惟外官有集權中央之長，蓋太祖兄弟懲方鎮逼君之患而為之者也。

宋於天下置十五路，其下為府州軍監，又下為縣，凡三級。路猶唐之道，府為京輔之區，軍則唐及五代節度之舊治，監為坑冶之區（府、軍、監皆轄縣，與州制同），州縣則昔所固有者也。宋太祖既代周為天子，與趙普謀削方鎮之權，遂次第行其改革。其設施之大者如下：

宋之地方官制（牽制政策二）

（1）關於路者。置監司諸官，分掌一路之兵民、財賦等事，皆總於上，無得留擅。曰轉運使，掌財賦；曰安撫使，管兵民；曰提刑按察使，掌司法；曰提舉常平司，掌常平義倉。

（2）關於州者。太祖召諸鎮（節度使也），賜第京師，始命文臣出守列郡，謂之權知州軍事（知猶主也，後世知州、知縣本此）。州謂民事，軍謂兵事也。又防諸州專擅，更設通判以監州，統軍民之政，事得專達，與長吏均禮，以牽制之。軍、監本節鎮支郡，太宗初，改隸諸路，分置知軍事、知監事等官，與州府同列焉。（諸州又有觀察使、團練使等官，率爲虛稱。）

（3）關於縣者。縣有知縣事，下置丞尉，略與古同。五代以降，吏治頗壞。太祖初以常參官強幹者知縣事，著爲令。

太祖爲強幹弱枝計，更收天下精銳於京畿，其次者乃留諸鎭；又創更戍之法以銷跋扈之弊，其意至精。

宋初兵制之精意　　宋之兵制，皆由召募，有禁兵，有廂兵。太祖初年，命諸州長吏，各擇本道兵驍勇者，送都下以補禁旅之闕，謂之禁兵；其餘則留本城，謂之廂兵，皆掌於樞密院。禁兵、廂兵，皆須更戍。更戍者，邊防要郡，須兵屯守，卽由二者分番出戍，其利有二：

（1）往來道路，可以習勤苦，均勞佚；

（2）兵無常帥，故將不得專其兵。

然官無定職，名實淆紊；

宋代官制之紊　　宋朝設官，名號品秩一用唐舊，然本官但以寓祿秩，其職事則視差遣而定。其三省六曹二十四司，互以他官典領，雖有正官，非別敕不治本司事。故中書令、侍中、尚書令（此三省長官，唐初宰相也），不與朝政；侍郎、給事，不領省職；諫議無言責；起居不記註；司諫正言，非特旨供職，

第十七章 宋政術

亦不任諫諍,其名實不符如此。

兵額亦久而愈多,不堪任戰,惟以耗國。

太祖初制,禁軍皆驍勇之尤,故征伐所向皆捷。迨承平日久,經用者老死幾盡,後來者坐食廩稍,遂流驕惰;又每遇凶歲,吏必大事召募,國家以是爲賞罰。仁宗慶歷中,內外禁、廂兵多至百二十五萬,帑庾不能給,而所養者又多不可用。(略據歐陽修說)又更戍之法,廩給之外,又供芻糧,往來餽運,農竭而卒疲。(蘇軾說)廂兵本選拔之餘,久罕教閱,僅供役使,以衛地方尚不足,而禦寇更無論矣,是皆集權中央之流弊也。 〔宋代戎政之濫〕

陵夷及於仁、英之朝,黨議頻起,民窮財盡。

宋自開國之初,爲防制權臣計,臺諫官特假重權。(臺謂御史,諫謂給事中,皆言官,詳清政術章。)承五代氣節掃地之後,士大夫之立於朝者,咸好持苛論,彼此不能稍相容假,廟堂之上,有如水火,於是仁宗、英宗兩朝,即多黨禍,不暇盡力外事。又宋初優待功臣,并其子孫族衆,皆授官爵,恩蔭之濫,侈於前古。遼夏議和,復歲輸巨幣。(和遼在眞宗時,和夏在仁宗時,另詳。)以此二端,又重以兵多,於是縣官之費,數倍昔時。故葉適云:"仁宗四十二年,號爲本朝至平極盛之時,而財用始大乏。"其人民生計,則自晚唐之後,豪强兼幷,田賦不均。其時役法,復計民資產以定戶等按簿簽差,責以保管官物,助收賦稅,逐捕盜賊 〔宋初黨議〕 〔宋世財用之令〕 〔宋之役法與民生〕

143

等事。役之重者，至破產不能給，人民不敢事生產。而始時百姓各安其生，人給家足，承平既久，民亦稍侈於舊，故上下皆困於財焉。（據《通考》）

至於神宗，用王安石爲相，於是始變舊法，而以整理財政爲先。

神宗年少有雄略，欲大攘四夷，恢張先烈，以爲養兵奮武，不可不先聚財，而朝臣鮮可任。臨川王安石，博學有經濟才，仁、英之朝，韓琦當國，抑之，安石退居不出。至是乃召爲翰林學士，尋擢參知政事，以貳富弼。安石以其時當務之急，惟在財政，首奏立制置三司條例司（三司見前），專掌經畫邦計，議更舊法，以通天下之財，於是條例司次第施行新法。

其重要者，有青苗、均輸、募役、方田、均稅諸法。

青苗法者，令諸路出常平廣惠倉錢穀，聽民預借，令出息二分，隨夏秋稅輸納，願輸錢者從其便。如遇災傷，許展至豐熟日納。

均輸法者，命江、浙、荊、淮發運使主領其事，假以錢貨。凡六路以內上供之物，得以便宜蓄買，而制其有無。

募役法者，使民出錢募人充役，計其貧富，分等輸納，曰免役錢。若官戶、女戶、寺觀、單丁、未成年者，亦等第輸錢，名助役錢。

方田法者，以東西、南北各千步爲方，歲以九月，縣委令佐分地計量，因其高下肥瘠，分五等定其稅則，明年三月揭以示民。

均稅法者，縣各以其租額稅數爲限，越增有禁；若瘠鹵、不毛及衆所食利，山林陂塘溝路墳墓，皆不立稅。

其關於整頓宿弊者，神宗本有釐定官制；

宋官制之壞，已見前文。神宗即位，慨然定制，倣唐《六典》，分三省之職：中書取旨，撰而議之；門下審而覆之；尚書承而行之。三省長官不除人，以尚書之貳左、右僕射爲宰相（左僕射兼門下侍郎，以行侍中之職；右僕射兼中書侍郎，以行中書令職）。別置中書門下侍郎、尚書左右丞，代參知政事。樞密院以軍機邊防爲職，事干機要，則與三省合奏。於是省臺寺監，各還其職。厥後迄於南宋，雖有小更改（如左、右僕射，孝宗時改爲左、右丞相），而大體無所革易云。

神宗正官制

及裁減軍額之舉。

仁宗朝，樞密使龐籍以兵數冗贏，汰八萬人，而老弱尚多。神宗患之，乃親制選練之法。熙寧元年，詔諸路監司，察州兵揀不如法者按之，不任禁軍者降爲廂軍，不任廂軍者降爲民。二年，詔併廢諸軍營，謂輔臣曰："天下財用，朝廷稍加意，則所省不可勝計。"大臣皆以爲兵驕已久，遽併之必

神宗減兵額

召亂。帝不聽，獨王安石贊帝力行之。自熙寧至元豐，歲有廢併甚衆。

安石更創保甲法以代募兵，

保甲與民兵

神宗初意僅在整頓兵制，汰弱留強而已。安石則謂欲中國富強，非去數百年募兵之弊不可。於是奏立保甲法，用民兵代募兵，其法大概如下：

（1）編戶十家爲保（有保長），五十家爲大保（有大保長），十大保爲都保（有都保正副）。

（2）主客戶兩丁以上，選一人爲保丁，夜輪五人警盜（尋更命習武藝）。

（3）同保犯強盜、殺人、放火、強姦、略人、傳習妖敎、造蓄蠱毒，知而不告，依律伍保法。

蓋旨在糾舉姦慝，警備賊盜，兼寓兵農合一之意。

又改諸路更戍法之舊制。

兵制之改革

更戍始於太祖。神宗朝，議者以爲更番迭戍，無益於事，徒使兵不知將，將不知兵，緩急恐不可恃。於是變舊法，置將統兵，分駐各路，總隸禁旅，使兵知其將，將練其士卒，平居訓厲蒐擇，無復出戍，外有事而後遣之，謂之將兵。

十餘年間，百道並進，不可謂不猛。無如諸法待人而行，而法又不能盡無流弊，於是上下騷動，物情震怨。

小人誤新法

安石得神宗以爲君，凡有所請，立見施行。然所用皆新進少年，資敍既輕，而如呂惠卿、章惇、曾布輩，皆非良士，奉行不免苛擾。如青苗本聽民自借，有司貪功，浸至勒派，遂至諸法皆爲病民之政。其在朝名士，若韓琦、文彥博、歐陽修、司馬光、富弼等，又不肯與之協謀，紛起攻訐，其中誠有是處，而意氣常所不免，其後紛紛被黜，或自求去。安石久亦不自安，出知江寧府（南京）。神宗以富強未致，悒悒而崩。是則呂惠卿輩，有以誤安石也。

新法利病對照表：

新法	利	弊
青苗法	通一路有無，貴發賤斂，以廣蓄積，平物價，惠農人，抑兼併	出納之際，吏緣爲姦，雖有法不能禁；錢入民手，雖良民不免妄用；及其納錢，雖富民不免踰限（蘇轍說）
均輸法	收輕重斂散之權，歸之公上而制其有無，以便轉輸，省勞費，去重斂，寬農民	官買是物，必先設官置吏，簿書廩祿，爲費已厚，非良不售，非賄不行。是以官買之價，比民必貴；及其賣也，弊復如前。商賈之利，何緣而得（同上）
募役法	免差役之累	上等戶自來更互充役，今使歲出錢，是常無休息之期。下等戶及單丁、女戶，從來無役，今盡使出錢，而鰥寡孤獨，俱不免役。夫力者，民之所生；錢者，縣官所鑄，民不得私爲。今立法惟錢是求，貧者困窮日甚（司馬光說）

新法利病對照表

續　表

新法	利	弊
方田均稅法	平均稅則	(1) 公吏騷擾乞取。 (2) 方不食之山，俾出芻草之直，民因廢業。 (3) 方量官憚於跋履，以量地驗土任之胥吏，致面積不准，等第不公（以上並見《通考》）
改更戍法	兵將相識，緩急可恃	將官多與州郡爭衡，長吏勢力遠出其下（謂不服徵調也）。一旦寇發，豈不爲朝廷憂（司馬光說）
保甲法	寓兵於農	農民半爲兵，稼穡幾廢，官吏倚法生事，重爲百姓之擾。百姓視其官司，不啻虎狼，激而愈深，其發必甚（同上）
附註		審按司馬光、蘇轍諸人所指之弊，大率摭舉末節，或但及一端，以概本法；甚者爲逆億之語，以相武斷，其能不涉偏倚者甚少，閱者自知

　　哲宗卽位，高太后臨朝，用司馬光爲相，則舉一切新法盡罷之，如是新舊起仆，以迄於亡。而徽宗用蔡京二十餘年，無政治可言，宋之元氣，剝喪盡矣。

高太后用司馬光

　　哲宗立，太皇太后高氏聽政，以司馬光爲相，未及一年，新法盡罷；然在朝舊黨，又自裂爲洛（程頤）、蜀（蘇軾）、朔（劉摯等）三黨，互相攻訐，朝政殆無可觀，惟與民休息而已。是時閒散之臣，久思伺隙。元祐八年，高太后崩，哲宗親政，於是舊黨倡議紹述，帝從之，改元紹聖，起章惇爲

紹聖以後之朝局與黨禍

相。惇引蔡京等居要地，復神宗之政，於舊人則專務報復，已死者奪贈追貶，未死者概予貶竄。又六年而哲宗崩，徽宗立，其始新舊雜用，建元曰建中靖國。未幾，用蔡京爲相，改元崇寧（崇熙寧之政也），專行新法。京窺帝旨，籍元祐黨人，令州縣立黨人碑，禁同州居住，有以元祐學術聚徒傳授者，罰無赦。徽宗性闇愚，京則括天下之財，以奉一人之欲，大起土木，致四方珍異，兩稅不能給，則爲種種進奉，肆行催索，計前後柄政二十三年，國用日匱，民生蕭然，以迄於亡。

蔡京亂政

第十八章　宋國際（上）

宋太祖雖統一中原，而土宇遠不如唐。

宋境遠不如唐　　宋因五代之舊，奠都大梁。太祖、太宗削平諸國，天下始爲一統，然土地實遠不如唐。蓋自唐中葉後：遼東悉屬渤海（國名，後入於契丹）；隴右半入吐蕃；劍南之姚州（今雲南姚安縣），沒於南詔；安南亦拒唐命，至宋初自立爲王國；而燕雲十六州，自石晉獻於契丹，關北之地，竟終不可復；河西之夏，又據地叛服不常（見下）；此二邊者，勢尤逼人。此宋初立國之形勢也。

北方之遼，國勢漸張，太宗北伐之師，累爲所挫。

遼勢之盛　　遼自得燕雲十六州後，仍都臨潢，號爲上京，又先後建四京於燕晉之域（遼陽爲東京，大定爲中京，析津爲南京，大同爲西京）。其境：東至海；西至金山（今阿爾泰山），至於流沙；北至臚朐河（今克魯倫河）；南至白溝；幅員萬里，蔚爲大國。宋太祖知其難勝，乃用趙普言，姑與修好，置重戍於關南以鎮禦之，故二十年無北方之擾，得先專力平定國內。逮太宗即位，既滅北漢，乃乘勢圍遼南京。遼景宗遣耶律休哥救之，大敗宋師於高梁河（在今北平西直門外）。既而太宗又北伐，休哥再敗之於岐溝關（今河北涿縣西南）。由是宋不能得志北方；而廷臣又亟以養銳息民爲言，遼益懸師深入，爲邊患。先是女眞（國名，見下）、高麗皆附宋，至是以宋師累敗，女眞始屬遼，高麗亦受制於遼，朝貢中絕焉。

至聖宗時，遂大舉南侵，宋眞宗與爲澶淵之盟，乃暫休息。

眞宗初，遼蕭太后與聖宗大舉入澶州（今河北濮陽縣南），中外震駭。眞宗從寇準之言，親禦之，渡河御州北城樓，遠近呼萬歲；契丹氣沮，遣使乞盟，欲得關南地（指周世宗所取地）。帝曰："地不可許，寧與金帛。"乃以銀十萬、絹二十萬匹定和議，契丹主以兄禮事宋，引兵北歸，宋遼暫和。　眞宗盟遼

其後仁宗之世，夏元昊又起於西北。

西夏本鮮卑拓跋氏後，所居曰黨項，亦西羌地。拓跋氏世爲酋長，唐貞觀時內附，置諸府州。唐末，有拓跋思恭者，以功封夏國公，治夏州，賜姓李氏，子孫世襲其職。宋初，李繼捧來朝，賜國姓；然其後依違遼宋間，遼宋均册其主爲夏王。仁宗初，夏王元昊嗣立，通漢文，多大略，修明號令，以兵法勒諸部，自製蕃書以敎國人，擊回鶻，盡取河西地。於是其境東據河，西至玉門，南臨蕭關，北控大漠，地方萬里，都興慶府（今寧夏寧夏　西夏之起

縣），自號大夏皇帝，奉表於宋，邀其册命。仁宗詔削其官爵，絕互市，由是連歲侵寇，西邊騷然。宋不能大創之，但命韓琦、范仲淹經略陝西，撫綏諸羌，使不爲敵助而已。

帝心厭兵革，年輸金繒以賂遼、夏，宋之貧弱，實由此也。

仁宗盟夏　　仁宗時，遼興宗乘中國多事，遣使索關南地。帝命富弼往拒其請，往復辨喻，始歲增銀絹各十萬，通好如故。元昊伐宋，不得逞其志，國中困敝，亦上書請和，乞歲幣。仁宗許之，册立元昊爲夏國主，約稱臣奉朝朔，歲與銀絹各二萬兩匹，茶三萬斤；然元昊帝其國自若也。自是以後，邊境無事二十餘年，而宋奉巨幣於二邊（於夏則曰賜，於遼則曰納），歲以百萬計（蘇軾說），雖暫苟安，而國用日耗矣。

神宗略有武功，然所得不償所失。

神宗之西征　　神宗用兵四裔，於西南頗有開拓，而於西北之夏，則累出無功。遼事則棄地甚巨。今列舉如下：

（1）吐蕃。隴右之地，久淪蕃族。神宗用王韶，擊敗西羌及吐蕃之衆，遂取熙（今甘肅臨洮縣）、河（今甘肅導河縣）、洮（今甘肅臨潭縣）、岷（今甘肅岷縣）諸州。

（2）楚蜀諸蠻。命章惇經制蠻事。平南江蠻，置沅州（今湖南芷江縣）。又遣熊本討瀘夷（今四川瀘縣），降之。復降渝州（今四川巴縣）獠，置

卷　下

第十八章　宋國際（上）

南平軍。

（3）交趾。唐末，安南都護不奉朝命。五代時屬南漢，置交趾節度使。其後丁氏自立，宋封爲交趾郡王。展轉入於李氏，神宗時入寇，帝命郭逵討之，敗諸富良江。其王李乾德降。

（4）遼。遼以河東路（今山西省）增修戍壘，侵入北界，遣使來議疆事；帝亦遣使與議者再，卒徇其請，割河東新疆與之，凡東西失地七百里。

（5）夏。初种諤襲夏，復綏州（今陝西綏德縣），邊釁始開。其後帝命宦者李憲討夏，僅復蘭州（今甘肅皋蘭縣）而還。又遣徐禧城永樂（在今陝西米脂縣西），夏攻陷之。帝始無意西伐。哲宗初，夏人來歸俘，詔以米脂等四砦還之，夏人益驕。

而是時，遼政已衰。

遼起北方，本無政治文化可言。其富以馬，其強以兵。民年十五以上，即隸兵籍，五十而免。平時弛兵於民，馬則置牧官監之。國有事，卯命而辰集。不給糧草，途遣打草穀騎四出抄掠以給之。以此制勝，故所向無前。國俗樸陋，太祖得漢人韓延徽爲謀主，招徠漢人，始有城郭市里之制；又定刑制，契丹漢人，各異其法。太宗得十六州，始分北南面，以置百官：北面爲契丹舊制，治宮帳部族屬國之政；南面則置三省六部及節度、刺史、縣令諸官，治漢人租賦軍馬之政。此契丹政制之大概也。

契丹制勝之由

遼之政制

153

遼之全盛	遼之諸帝，政治以聖宗爲最。更定法制，平遼、漢之界。紀綱修舉，吏稱其職。又兩挫宋師，東服女眞，西收黨項。諸夷朝貢者，爲國五十有九（西夏亦在其中），實爲契丹全盛之世。傳子興宗以
漢俗之柔遼	至道宗，國勢始衰。初，太祖始增損漢文，制契丹字。能爲漢語，而平居絕口不言。至於興宗，雖稱賢君，然騎射而外，兼好儒術。又溺浮屠法，累行小惠，釋死囚，紀綱乃壞。道宗尤好文學，熏染中國文化，以科舉登進士類。崇信佛教，一日而度僧三千人。寵佞臣耶律乙辛，後及其子，俱無辜被害。朝政日非，昔時勁悍之氣，銷亡盡矣。
	金人起於東北，累破遼師。
金之興起	金之先曰靺鞨，古東胡族也，唐時有粟末、黑水二大部。粟末於唐末建渤海國（見上），黑水靺鞨嘗服屬焉。渤海既滅，黑水部之居混同江（今名松花江）西南者，系籍於遼，號熟女眞；居江東者，號生女眞，不籍於遼，然亦臣屬焉。生女眞有完顏部者，世爲遼之節度使，傳至阿骨打，沈毅非常，見遼勢已衰，天祚帝（道宗之孫）荒於游畋，又誅求無厭，遂稱兵，屢敗遼師；徽宗政和中，遂稱帝，國號金，尋克黃龍府。遼欲與議和，不就，於是上京（今熱河開魯縣）、中京（今熱河建昌縣）、西京（今山西大同縣），相繼入於金，天祚北竄，耶律淳卽位於南京（今北平）。

卷　下

第十八章　宋國際（上）

宋之君臣，幸契丹之衰，助金滅之，燕、雲雖云暫復；

宋徽宗本好大喜功之主。是時蔡京而外，內侍童貫，亦以附京得掌樞密。貫嘗擊西羌吐蕃，復湟（今青海西寧縣東南）、廓（今青海巴燕縣南）、鄯（今青海碾伯縣）三州，頗輕邊事。至是君臣共幸遼厄，遣使通金，約夾攻遼，取燕雲故地，而以致遼歲幣輸金。金取遼西京之年，宋以童貫再舉伐遼，俱敗績。時耶律淳已殂，金人得貫約，遂南入遼，克燕京。後三年，金太宗西擊天祚帝，執之以歸。遼凡二百十九年而亡。（耶律大石又建西遼於中亞，稱強國，南宋末爲乃蠻部所滅，傳國凡七十七年。）金以下燕非宋力，謂租稅當歸北朝；宋許益歲幣百萬緡，金主喜，於是石晉賂契丹之地，次第歸宋。徽宗以燕雲克復，勒碑延壽寺，紀其功。宰執皆進位，童貫且封王焉。

夾攻覆遼

厥後以渝盟納降，開釁於金，金人南下，二帝遂有北轅之禍。

金既滅遼，與宋接壤，謀南併河北。宋新與金盟，未幾，納其平州（今河北盧龍縣，是時爲金之南京）叛將張瑴。金以背約讓宋，宋殺張瑴，函首以畀金。自是北方降人悉解體。未幾，金命宗望（原名斡離不）、宗翰（原名粘沒喝）分道侵燕山、太原。宗望至燕山，宋將郭藥師以城降，導金兵深

金人入宋

155

北宋衰亡之由

入，北邊大震。帝乃下詔罪己，傳位於欽宗。金軍圍汴，欽宗從宰執議，遣使求成，許割中山（今河北定縣）、太原、河間三鎮地，且納質稱姪輸款以和。金兵退，宋不如約，又不爲備。時宗翰已定河東，遂與宗望合軍趨汴京，京城陷。金人立宋相張邦昌爲楚帝，使主中國，遂劫二帝及后妃等三千人北去。於是三河之地（河東、河北、河中）悉入於金。是役也，宋人貪功輕敵，知遼之可滅，而不悟金之難恃。又自宋祖弱州郡之兵，兵遂不任戰。汴京之圍，勤王之師二十餘萬，而不能退金人六萬之衆，其故又非一日矣。

第十九章　宋國際（下）生計附

宋高宗南渡以後，號曰中興，而怯弱已甚。

汴之圍也，欽宗之弟康王構奉使次濟州（今山東鉅野縣）。變既作，張邦昌自汴奉迎，遂即位南京（今河南商邱縣），是爲高宗。時兩河州郡，猶多爲宋守。李綱，賢相也，請巡幸中原；宗澤，良將也，請復還汴京（澤時守汴）；帝皆不從。尋罷綱，以汪伯彥、黃潛善代之。金人南下，宗澤力拒，旋病卒，陝、洛、徐、淮相繼陷。帝節節南退，一意避敵。幸大將韓世忠有焦山之捷，金人乃不復渡江。而帝亦奠都臨安（今浙江杭縣），遣王倫如金定和議矣。夏自是與宋絕好，稱藩於金。 宋之南渡

諸大將各擁重兵，多驕悍不可制。

初，高宗在相州，始招潰卒羣盜爲五軍。南渡後，諸大將又各增募兵卒，編爲行營四護軍。張俊稱前軍（常在蜀），韓世忠稱後軍（常在江淮），岳飛稱左軍（常在湖北），劉光世稱右軍（常在江東）；而吳玠又有重兵在川陝，不在四大兵之列。 南宋四大兵

葉適嘗論之曰："自靖康（欽宗年號）破壞，杭越草創，天下遠者命令不通，近者橫潰難制。國家無威信以驅使強悍，而諸將自誇雄豪，其玩寇養尊，無若劉光世；其任數避事，無若張俊。當是時也，廩稍惟其所賦，功勳惟其所奏，將版之祿，多於兵卒之數。朝廷以轉運使主饋餉，隨意誅剝，無復顧惜。"蓋"驕悍"二字盡之矣。（據《通考》引）

有一岳飛，而又惑於秦檜之言，召而殺之，於是始畫淮而守。

宋誅大將以說金　　南宋諸將，治軍有法者，端推岳飛。南渡後，飛首平襄湖羣盜，遂北復蔡、唐諸州，表請恢復中原，帝不報；而與宰相秦檜定議，使王倫如金，迎徽宗帝后梓宮，及生母韋后，並乞河南、陝西地。金許先歸地，徐議餘事。迨王倫赴汴受地，金熙宗忽變約，命宗弼（原名兀朮）等分道南侵。高宗乃賜飛札曰："設施之方，一以委卿。"飛大破宗弼軍，進兵朱仙鎮（今河南開封縣西南），兩河豪傑李通等來歸。燕以南金人號令不行。方指日渡河，而秦檜乃持和議，召飛還；尋得宗弼書，謂"必殺飛，乃可和"。乃逮飛父子下獄，誣殺之。和約如下：

紹興之約　　（1）二國以淮水中流爲界，其西以大散關爲界；

（2）宋歲貢銀絹各二十五萬兩匹；

（3）金册帝爲大宋皇帝，用君臣之禮；

第十九章　宋國際（下）

（4）金歸上皇帝、后梓宮及韋太后於宋。

孝宗有志恢復，而終難違衆，於是又有乾道之和。

高宗之末，金主亮南侵，至采石，遇敗而還。孝宗既受內禪，頗銳意恢復，以張浚都督江淮。浚遣將復宿州（今安徽宿縣），帝手書嘉勞，中原震動；未幾，所部大潰於符離（今宿縣治），於是主和者紛起毀浚。帝惑於宰相湯思退之言，罷張浚，撤邊備，三遣使議和。乾道元年，訂和約如下：

（1）地界如紹興之時；　　　　　　　　　乾道之約

（2）宋金爲叔姪之國，各稱皇帝，易詔表爲國書；

（3）易歲貢爲歲幣，減銀、絹各五萬。

寧宗之世，韓侂胄復開釁於金，於是又斬宰相以全和局。

寧宗即位，韓侂胄以定策爲相，權傾人主。議者謂金勢已弱，侂胄信之，陰修戰備。開禧二年，遂下詔伐金。金章宗大發兵，連克荆襄兩淮諸郡，江南大震。侂胄悔而求和。金必欲斬元謀。於是宋誅侂胄，函首以畀金，易淮陝侵地，和議乃成。其所約如下：

（1）地界如舊；　　　　　　　　　　　　開禧之約

（2）依靖康故事，世爲伯姪之國；

（3）增歲幣爲銀、絹各三十萬兩、匹，別與犒軍銀三百萬兩。

金之立國，原恃武力。

初，女眞部民寡少，壯者悉爲兵丁，平時苦耕，以給衣食，有事則下諸部徵之。其部長曰勃堇，行兵則稱猛安（千夫長）、謀克（百夫長）。其編戶之法：凡三百戶設一謀克，十謀克設一猛安。繼而遼、漢及諸部之來降者，率用猛安、謀克之名，授其首領而部伍其人；於是兵數日衆，其用師征伐之會，尤有數端，爲他族所莫及（以下據《大金國志》）：

（1）自大元帥至百戶（按當卽謀克），其於飲酒會食一切起居動止之事，略無間別，故上下情通，無閉塞之患，疑慮之端。

（2）國有大事，適野畫灰而議，自卑者先，議畢卽漫滅之，不聞人聲；軍將行，大會而飲，使人獻策，其合者卽命爲將。

（3）及師還戰勝，又大會，問其有功者，隨功高下支賞，舉以示衆，薄則增之。

史稱其"將勇而志一，兵精而力齊"，蓋有以也。

自太祖以後，國勢日盛，而內治之隆，尤推世宗。

金初都會寧（今吉林阿城縣），其後徙都燕京。熙宗之時，宋金和議初成，其疆域：東至於海，西逾積石，北越沙漠，南距淮水及秦嶺，方逾萬里；

女眞制勝之由

金勢之盛

高麗、西夏,並臣屬於金,實爲東亞第一强國。世宗與宋孝宗同時,賢明仁恕,國人稱曰小堯舜。值南北議和之後,與民休息,吏治稱美,歲斷死刑纔十餘人,在位二十九年,其設施甚優,尤以保持國性爲要義,舉其大端如下:

金世宗之治

(1) 禁女眞人譯爲漢姓,及學南人衣飾;

(2) 立女眞國子學,譯《九經》諸書爲女眞字,以敎國人(女眞字亦出漢字,爲完顏希尹所制);

(3) 以女眞字試策論於其國人,登科者稱女眞進士;

(4) 宴宗室宗婦於上京,自歌本曲,勉以儉約,無忘祖業。

蓋有鑒於後魏之變俗而弱,故事事與孝文帝相反;然同化旣久,非帝力所能挽也。

章宗以後,業乃漸微。

章宗嗣立,因宇內小康,志存潤色,修刑法,定官制,典章可觀;然未幾而嬖妾用事,紀綱不修,於是女眞漸衰,其衰象如下:

章宗以後之衰象種種

(1) 熙宗初置屯田軍於腹地以監漢人,久乃習於怠惰,生活困難,鬻田以徙,至猛安謀克之戶數日減。

(2) 金初行物力稅,於田賦外,察其動產、不動產之多寡定之(似今之所得稅),久而貧富變易,輕重不均。世宗以後,屢下分路推排(猶重查也)

161

之令，騷擾實甚；末年軍費日急，賦斂繁重，民多逃去。

（3）漢文勢力日張，世宗、章宗皆能詩，朝野文人蔚起，又習於侈靡，與初興時敦樸勁悍之風迥異。

宋理宗蹈宣和之轍，約蒙古以滅金。

夾攻覆金　　金宣宗時，北方蒙古之勢已熾，宣宗以國蹙兵弱，遂去中都（卽燕京）而南遷於汴。宋乘其難，遂罷歲幣。時蒙古已滅西夏而侵金邊，金不得已，乃南伐以自廣，而兵財旋大竭。哀宗立，遂與宋同通好，此宋寧宗末年事也。理宗初年，蒙古軍旣圍金汴京，遂遣王檝來南，議夾攻金。宋人皆喜，獨趙范不樂，曰：「宣和海上之盟（指徽宗約金攻遼事），厥初甚堅，迄以取禍，不可不鑒。」理宗不從，與定議，約事成以河南地歸宋。金哀宗知汴不可守，出守蔡州，乞糧於宋，宋不許。蒙古兵圍蔡州，宋使孟珙等帥師會之，於是城破，哀宗自經死，金百二十年而亡。

然蒙古之爲患，不減於金人。

以暴繼暴之蒙古　　金亡之後，趙范、趙葵等欲乘時撫定中原，宰相鄭清之贊其說。於是遣兵北伐，汴洛皆復，然不能守。蒙古責宋敗盟，分兵南下，由是襄、漢、淮、蜀無寧日。旣而忽必烈自河南入鄂，圍其城，宋宣撫大使賈似道遣使詣蒙古營，請稱臣納幣，再往乃許。宋割江北地，歲奉銀絹各二十萬，忽必烈乃還。似道歸，匿請和事，以大捷聞。理宗謂似道有再造功，擢爲相焉。

滅金後四十五年，遂滅宋而統一中國矣。

理宗崩，度宗立，蒙古始改國號爲元。度宗崩，恭宗立，謝太后臨朝，賈似道竄死。元世祖遣伯顏帥諸軍伐宋，旣下建康，遂入臨安。時兩淮猶爲宋守，浙閩亦多未下。文天祥主戰，左丞相陳宜中不許，白謝太后，奉表以降。帝兄益王昰奔福州，宋人立之，是爲端宗，爲元軍所追，航海西走，崩於碙洲（島名，在今廣東吳川縣南）。宋人立其弟昺，遷於崖山（島名，在今廣東新會縣南）。明年，元將張弘範襲之，文天祥被執，不屈死。陸秀夫負帝昺溺於海，宋遂亡。自高宗至帝昺，凡偏安南方者百五十二年，距太祖統一之初，則已三百二十年矣。

外患亡宋

宋自開國以來，政尚寬仁。

歷代創業之君，宋太祖最爲寬厚，嘗勒石鎖置殿中，使嗣君卽位，入而跪讀，其戒有三：一，保全柴氏子孫（周世宗之後）；二，不殺士大夫；三，不加農田之賦。其惠政尤多，嘗定建隆刑統，懲近代法網之密，定折杖法，以減流徒杖笞之刑；犯大辟者，付刑部詳覆之，非情理深害，多從寬恤；惟重貪墨之罪，贓吏必誅，且有以多入人租棄市者。故真德秀言宋朝治體，謂："立國不以力勝仁，理財不以利傷義，御民不以權易信，用人不以才勝德。

宋代忠厚之治

恩結乎人心，富藏乎天下，君民相孚，而猜忌不作；材智不足，而忠信有餘。"是雖未能盡宋政之全，然其家法實如此。

而三百年間，賦役苛繁，百姓未能悉被其澤。

宋至仁、英之朝，國計甚疲，養兵也，宗俸也，冗官也，郊賚也，皆無益之浮費，害財已甚，而政府猶時下減稅之令。是未嘗有意厲民也。民所受累者別有二端：

一曰役法。唐初之庸，即古力役之征，楊炎改兩稅之法，已包括其中，然按戶輸差如故（參《通考》十二）；輕重失當，官吏侵漁，百姓苦之。神宗時，用王安石言，行免役法。令民納錢僱人充役。元祐以後，仍行役法。然役之輕重，依物力而定；而定民物力，則責諸鄉吏之推排，仍不能得升降之平也。

二曰雜稅。雜稅起於唐時方鎮，其後沿而未除。官賣者有鹽、茶、酒諸種，所謂山澤之利也。其他無藝之征，起於徽宗，及南渡而益繁者，又有經總制錢、月樁、錢、板帳錢等。經總制錢中，有添酒錢、添賣糟錢、添牙稅錢等，由經制使徵收之。月樁、板帳等錢尤苛碎，如納醋錢、戶長甲帖錢、勝訴歡喜錢，名多不可勝紀（江、湖爲月樁，兩浙、福建爲板帳）。大都由軍用浩繁，諸賦不能給，故展轉取積於細微，徒爲州縣橫斂之資而已。

斯二者，弊政之著者也，而徵收官之折納取

（宋民苦累之由在役法及雜稅）

第十九章　宋國際（下）

贏，尤所不免，大爲民害。

理宗之世，爲除豪強兼幷之害，限民名田，雖爲益民之舉。

理宗朝，殿中侍御史謝方叔言："國朝駐蹕錢塘，生齒日繁，權勢之家日盛，兼幷之習日滋，百姓日貧，識者懼焉。夫生靈生養之具，本於穀粟，今百姓膏腴，皆歸貴勢之家，租米有及百萬石者。小民百畝之田，頻年差充保役，官吏誅求百端，不得已則獻其產於巨室，以規免役。小民田日減而保役不休，大家田日增而保役不及；以此兼幷浸盛，民無以遂其生。"於是請限民名田，帝從之。

理宗之限田政策

而賈似道收買公田，遺患至宋亡而不息，斯亦生計史上一大事也。

賈似道爲相，行楮鈔於國（卽今之紙幣，當時稱交子、會子），鈔多而價損，國計大壞；欲救濟之，乃有買置公田之舉。初，宋南渡後，諸官戶私徵租額頗重，凡因罪籍沒者，官募民耕之，仍其舊額，收入頗饒。似道知之，欲利重租以濟軍國，乃藉口限田，將官戶逾限之田，抽三之一，回買以充公田，卽以官發之鈔及官告等配償其值。先就浙西八郡（平江、江陰、安吉、嘉興、常州、鎮江）行之，凡買田三百五十餘萬畝，民失產而不得全值，六郡騷然。今江浙田賦之重，自此始也。

賈似道禍江浙之民

165

第二十章　宋　學

宋代立學取士之法，皆準唐舊。

宋代學制及取士法

宋代學制，中央立太學，諸州皆立學校，與唐時同。仁宗廣太學，置生員二百，以名儒胡瑗爲講師，於是文敎大盛。其取士，有制舉、常貢二途：制舉有賢良方正等目，不常有；常貢則諸州每秋發解，冬集禮部，春乃考試，而以殿試定其第否。凡進士試詩、賦、論及帖經、墨義。進士以外，若《九經》《五經》及學究一經等目，則專試帖經、墨義。

王安石嘗更新之，惟不久而復，故敎育無可稱。

荊公之更張

神宗時，安石言於帝曰："士少壯時，正當講求天下正理，乃閉門學作詩賦；及其入官，世事皆所未習，此科法敗壞人才也。"於是罷詩賦及帖墨，專以經義論策試士。安石復奏增修太學，生徒釐爲三舍，始入爲外舍生，額七百人（後增爲二千）。內舍三百人，上舍百人。月考試其業，優者以次升舍。上舍試之列上等者，不須殿試，即命以官。一時取士悉由太學，州郡不復貢舉。安石又頒《三經新義》於學官，命有司用以取士。顧詩賦未習雖除，而經義之錮蔽又生，真才仍不可得。哲宗時，遂復詩賦，與經義並行。徽宗時，又復用貢舉，迄於南宋，不復改焉。

南宋之太學，士習尤壞；

自荊公立三舍之法，終兩宋之世，行之不改，然流弊實多。朱熹謂："熙寧以來，太學但為聲利之場，掌教者，不過取善為科舉之文，而嘗得雋於場屋者耳。其奔趨而來者，不過為解額之濫，舍選之私而已。"蓋上以利誘，則賢士不至，而太學乃為干進之階，此其弊也。然徽宗之世，諸生如陳東等伏闕搥鼓，請用李綱，則猶有士氣可言。入南宋後，宰執如秦檜輩，利用士子，以小惠啗之，於是士風乃趨諛靡。理宗時，太學最橫，凡其所出者，雖宰相臺諫，亦攻之使必去，其權乃與人主抗衡。賈似道作相，知不可以力勝，則又以術籠絡之，餽給待遇，種種加厚。諸生啖其利而畏其威，雖目擊其罪，噤不敢發一語也（周密《癸辛雜識》）。蓋宋季之太學，其壞如此，度宗雖申嚴積分之法，已無救矣。

南宋太學之壞

然私家傳授，往往不絕。

初，唐玄宗置麗正書院，聚文學之士，是為中國有書院之始，然其制不可詳。自後憲宗時，衡州

書院私學之漸盛

建石鼓書院。南唐時，廬山白鹿洞亦建學館，學徒常數千百人。於是講學者衆，書院紛起。宋太宗始賜《九經》，眞宗則凡聚徒講誦之所，悉頒中祕書，與州縣學校等。仁宗始增賜學田。是時州縣之學，久成具文，無施教之實，書院教養之規，往往過之。胡瑗教授於蘇湖間二十餘年，束修弟子以數千計。時方尙辭賦，獨湖學以經義及時務爲教，仁宗聞其學規而善之，取以爲太學法焉。

其儒者尤能刊落經生餘習，以義理爲天下倡。

宋學爲思想解放之產物

自孔子旣沒，漢儒掇拾煨燼，考訂遺經，於是有注疏之學。泊乎魏晉，受西土哲學之影響，而思想爲之解放，於是佛學又起奪孔席，而儒業衰。佛法主出世，其學固與孔不侔；經生家兢兢於章句訓故，其事亦與孔道無涉。漢之賈誼、董仲舒，隋唐之王通、李翱，澆幾較深，然其人常不數見。因事勢與人心之推盪，而宋人乃以理學顯。

蓋自周敦頤融釋道之旨以立說，於是儒家始有理學。

宋學之前身

宋人學問，其伏流蓋得之佛老。初佛教入唐，其南派有禪宗者，不立文字，以衣鉢相傳，重在直指本心，見性成佛，號爲頓門，厥流最盛。道家自漢末魏伯陽作《參同契》，頗兼《易》《老》《陰符》之旨，道家多宗之。湖南周敦頤與浮屠壽涯

周敦頤開性道之祕

善，又從穆修得道士陳摶《太極圖》之傳，於是作《太極圖說》，演爲無極太極之說；更著《通書》，發揮道奧，謂誠爲聖人之本，五常百行由此出。其最精之語曰："誠無爲，幾善惡"。故君子愼動。謂聖人之道爲可學，故曰："志伊尹之所志，學顏子之所學，過則聖，及則賢，不及則亦不失爲令名。"宋儒存心養性之閫奧，敦頤實始啟之。

洛陽之二程、關中之張載，皆粹然有養，見道亦深。

敦頤之爲南安（今江西大庾縣。）司理也，河南程顥及其弟頤往受業焉。程顥之學，以定性爲主，而著手處在外內兩忘。程頤性方嚴，非禮不動，以居敬存誠爲主，皆以興起斯文爲己任；又標揭《論語》《孟子》以示學者，謂孟子直接心傳，於是始有道統之說；更自《禮記》中揭出《大學》《中庸》二篇，以《大學》爲入德之門，以《中庸》爲聖學之極，皆前此治學所未有也。二程之學，偏於修己。張載氣象博大，著《西銘》以闡愛物之理，著《正蒙》以明變化氣質之說，蓋濟物之意爲多。以上皆北宋之理學也。

南渡之後，朱熹主格物致知之說，更集性理之大成；

朱熹，婺源人，僑寓閩中，從李侗受程頤之學，遂講學於建陽之考亭，剖論心性，究極淵微。

程顥程頤之修己工夫

四書

張載之兼重濟物

宋熹之格物致知

其學主居敬，與程子同，而其爲學工夫，則在"格物致知"四字。《大學·格物章》亡佚，熹則爲補之曰："人心之靈，莫不有知；而天下之物，莫不有理，惟於理有未窮，故其知有不盡。學者卽其已知之理而益窮之，以求至乎其極，而一旦豁然貫通焉，則衆物之表裏精粗無不到，吾心之全體大用無不明矣。"此其學蓋屬內籀之事，與程子"玩物喪志"之說微別。而熹旣主致用，故登第以後，仕蹟頗有可觀，此尤非空談心性所可及。

其於經學，著述甚富，與徒爲空談者尤不同，一時翕然宗之。

朱熹學問之精博

熹於書無所不讀。時韓侂胄當朝，有僞學之禁。熹立朝才四十日，未能大用；然於遺經考訂極殷勤，故著述甚富：於《易》有《本義》，於《詩》有《集傳》，於《禮》有《儀禮經傳通解》，於《春秋》則著《通鑑綱目》以爲之繼，而《大學》《中庸》有章句，《論語》《孟子》有《集注》，《四書》之名，由是始立。熹之解經，大都以闡發義理爲主，不在考證之繁，其特長尤在從考證中透進一層；而考證之粗迹，悉融其精義以入之（朱一新語），故學問最切實純粹，當時目爲僞學，

理宗表章五子

至理宗乃表章之，以周、程、張、朱五人從祀孔廟焉。自是程朱專孔孟之學者五百餘年。

惟陸九淵兄弟論學與熹異，謂物在吾心，不待外索，然其流不遠焉。

時金谿陸九淵與兄九齡，亦講論理學。九淵天資高明，於學無所師承，惟頗亦導源釋氏。其持論嘗曰：「宇宙便是吾心，吾心卽是宇宙。」所謂人同此心，心同此理也。有勸注書者，九淵曰：「苟知道，六經皆我注腳也。」呂祖謙嘗約二陸會朱熹於鵝湖。熹持論主道問學，以窮理爲始事；二陸則主尊德性，謂宜先發本心，然後博覽，以應萬物之變。二家所詣各殊，蓋朱爲內籀，陸則外籀也。

而宋人以擺落漢儒門戶之習，因多實事求是之學者，斯尤學術史上最可稱道者也。

注疏家習氣，弊在陳陳相因，守師說太嚴，主奴之見，遂所難免。故曰：「寧說周孔誤，不言服鄭非。」然尙有服、杜、鄭、王之異致。至唐頒《正義》於學官，束縛士類，於是唐代無經學家。宋人承漢唐之敝，其於治經，能變客觀而用主觀。劉敞作《七經小傳》，於漢注頗有觝排，遂開一代風氣之始。南宋以後，自朱熹外，如程大昌、王柏之流，考辨經籍，常下新義以難先儒，或直於某經傳疑爲僞本。雖不無武斷之失，然援據該博，非若以空疏爲新奇也。（宋末程朱之門，依草附木而無實學者亦多，當分別觀之。）至宋人淹博羣書，不限於經傳者，則又有鄭樵、馬端臨、王應麟、魏了翁諸人。應麟著述尤富，考訂尤精。近人謂宋人但以義理勝者，由爲程朱所掩耳。

側注：
二陸之卽心言理
朱陸治學之異
宋人以主觀治經
宋之博學家

第二十一章　元

元當未滅宋前，已有七十年之歷史，其首出稱帝者爲太祖鐵木眞。

蒙古之興　　蒙古之先，爲室韋之蒙兀部，唐時處望建河（今黑龍江）南，其後西徙斡難河（今敖嫩河）源之不爾罕山（今肯特山）。金之初興，嘗借兵焉，旣而不償原約，由是蒙古有怨言。金屢討不克，因割西平河（今克魯倫河）北之地以畀之，始自號大蒙古國。至也速該時，稍幷近部，勢愈强大。子鐵木眞繼起，漠南北諸部，東起黑水，西抵西域，次第吞滅，於是大會諸部長於斡難河，自號爲成吉思汗。

太祖以後，歷太宗、憲宗以至世祖，皆有武功。

元初四君之武事
太祖鐵木眞　　今舉四君重要之武事如下：

統一漠南北，遣哲別滅乃蠻，自將滅花剌子模（在今阿母河之西），遣哲別、速不台襲欽察部，破阿羅思聯軍於阿速海附近，旋軍滅西夏。

第二十一章 元

太宗窩闊台 會宋滅金，遣哈眞滅大遼，遣撒里塔破高麗，遣拔都等征俄，陷莫斯科，取畿輔（在莫斯科南），分軍趨馬札兒（今匈牙利）、孛烈兒（今波蘭），西抵威尼斯。

憲宗蒙哥 遣旭烈兀滅報達阿刺伯諸回敎國，其將郭侃更渡海收富浪島（今居伯羅島），遣忽必烈滅大理，定吐蕃，降交趾。

世祖忽必烈 滅宋。

世祖統一中國，包幷歐亞，乃外建四汗，以鎭邊徼；

四汗之建 自唐以降，封建並空名，無實土。元代幅員廣遠，乃於中外分建列藩，以鎭其地，胥能總其軍賦，闢置官屬。而西北征服之地，則置四汗國，以諸王鎭之。其始封之君，皆拓地有大功者也。四汗國列表如下：

四汗國表

始封者	國名	封地	都城	存滅
太宗子孫	窩闊台汗國	乃蠻部故土	葉密立（今塔城）	元滅之
察合台	察合台汗國	西遼故土	阿力麻里（今伊犁）	帖木兒滅之
拔都	欽察汗國	裏海、鹵咸海以北	薩來	莫斯科公滅之
旭烈兀	伊兒汗國	伊蘭高原	馬拉固阿	帖木兒滅之

而世祖居中國爲大汗，四汗皆受其統治云。

重致遠人，咸予登用，因交通便利之故，往來漸繁；

元之全盛

元初都和林（在今庫倫西南）。世祖建開平府（今察哈爾多倫縣），定都燕京，以開平爲上都，其疆域：東起遼海，南迄交趾，北併大漠南北，西則尤廣，直至歐俄。自太宗時，已佈告諸王駙馬，各於轄境置驛，政令所布，聲氣相通。世祖懷柔遠人，自蒙古人外，若契丹、女眞、唐古特、畏吾兒及歐洲諸族，並稱色目人，咸得進用。於是西方人士，如馬哥孛羅輩，遠遊中土，爲元客卿者甚衆。凡西方之天算、礟術諸學，遂胥於此時得入我國。耶教諸邦，久苦回教之擾，至是而教皇伊諾森第四等，亦先後來聘於元，藉壓回勢；世祖許建羅馬教會於燕京。爾後教徒來者益衆，海陸商販大通，見於西人紀載者，尤不一而足。

內則建中書省以總政務，建行中書省以轄地方，

三省對立之永廢

自宋以後，門下省不能舉封駁之實，故南渡後遂廢而不置。尚書久爲施行機關，故實權全操於中書省。元世祖旣爲大汗，乃命劉秉忠、許衡等酌定官制，以中書省爲政務總匯之地，置中書令，以右丞相、左丞相各一人爲之次（元制尚右），其下置平章政事諸官，令缺則以相總省事（尚書省嘗兩設而兩罷），於是魏晉以後三省對立之官制遂廢。餘

第二十一章 元

则秉兵柄者曰樞密院，司黜陟者曰御史臺，與歷朝無異。中書省兼統河北、山東、山西之地，謂之腹裏。別置行中書省十有一：曰嶺北、曰遼陽、曰河南、曰陝西、曰四川、曰甘肅、曰雲南、曰江浙、曰江西、曰湖廣、曰征東。每省置丞相一人，平章二人（其後廢丞相官），凡錢漕軍國重事，無所不統。（又有行樞密院，掌兵；行御史臺，監臨諸省。）其下爲路、府、州、軍、縣。諸路置萬戶府，掌兵。府置知府（京府則曰府尹），州置州尹或知州。軍唯邊遠之地有之，設官如下州。縣置縣尹。自諸路至縣，俱置達魯花赤爲長官，今之省制始此。（元地方官制，頗雜亂，顧祖禹《方輿記要》謂："其制以路領州，州領縣；亦有以路領府，府領州，州領縣者；又有府與州不隸路而直隸省者。"）〖行省之建〗

　　規模粗備；然蒙族起於荒漠，其治中國，不免猜防。

　　凡外族入主中國者，其始必求得一二漢人以爲之助。元之許衡、劉秉忠，猶遼之韓延徽也。然既得中國，則又慮漢人之反抗，於是有種種政策：如移江南宗室大臣之家於內地；諸官之長，皆用蒙古人，色目人亦得爲次官；又下乃用漢人（滅金所得）、南人（滅宋所得之江南人）。又分人民爲十等，曰官、吏、僧、道、醫、工、匠、娼、儒、丐，是皆與中國治法大異者。故元之政治，未能上〖元代猜防之治〗

175

幾於唐宋焉。成宗以後，虐遇中國人尤甚，屢申漢人挾軍器之禁。順帝時，凡漢人、南人、高麗人之有馬者拘入官，其享國未久而覆，蓋亦有以致然也。

其始自立爲大汗，本未經庫里泰大會之推戴，故有海都之叛，而分裂之機以伏。

繼嗣大會

庫里泰者，係蒙古語，意謂繼嗣大會也。蒙古初制，每際汗位絕續時，蒙古諸王族、諸將及所屬酋長國王等，共開此會於斡難、克魯倫兩河之源，非受推戴，不得爲大汗，故繼體之君，常負偉望。自太祖至憲宗，皆用此得立（惟太宗系太祖遺命）。憲宗之立，太宗子孫頗怨望。憲宗殂，世祖方侵宋，聞變遽自立。窩闊台汗國本太宗子孫世守之地。有海都者，太宗之孫，自謂當立。世祖南侵，海都遂并有窩闊台全境，與察合台汗都斡聯軍東侵，欽察汗猛哥帖木兒亦助之，擾亂垂五十年，以內訌而敗。窩闊台汗國遂併於察合台汗。是役也，海都雖未得逞志，然號令遂不能行於全國，瓦解之勢肇矣。

世祖之立與諸汗之叛

其君統相嬗，又無定序，每屆易君，常生篡奪。

君統付授之無法

世祖初立眞金爲太子。太子早卒，皇孫鐵木兒嗣帝位，是爲成宗。時伯顏以宿將重臣，總己以聽，故無異詞。自成宗以後，歷七主而至順帝，每値付授之際，必起紛爭。權臣負擁立功，擅威福者四十年，中央政府有若虛君，諸主又多運祚短促，雖就中亦有明君，如仁宗之留心庶政，尊重儒士，而其祿不永，其澤不深。觀下列帝系，可以見其傳授世次之凌亂矣。

```
（1）世宗——真金┬─□──（6）泰定帝──（7）天順帝
              ├─□──（3）武宗┬（8）明宗──（10）寧宗
              │              └（9）文宗──（11）順帝
              ├────（4）仁宗──（5）英宗
              └────（2）成宗
```

世祖又好厚斂於國，交鈔病民，久而愈甚；

世祖拓地東南，用兵西北，財用久乃不給，於是言利之臣，以漸柄用。阿合馬、盧世恭、桑哥先後爲相，置尚書省爲鉤考財賦之地，遇事不關白中書，凡鈔法、鹽鐵、榷酤、商稅、田賦一切利藪，搜括不遺。三奸柄政垂三十年，後雖誅斥，民怨已結，而交鈔病民爲尤烈。交鈔者，紙幣之稱。先是宋眞宗時，蜀人患鐵錢之重，自發紙幣，謂之"交子"。每交一緡，三年而一換謂之一界，以富民十六戶主之。其後轉運使薛田遂設交子務於益州，禁其私造，是爲官發紙幣之始。世祖既增天下商稅，而國用仍不足，乃發行交鈔，以劑盈虛，有司增發不已，鈔愈虛，物愈貴，民有坐是而自殺者。後鈔法雖數變，而鈔值與物值終不能相權。至順帝時，物價騰踊至逾十倍，公私所積鈔，人視之若敝楮。

利臣病民

紙幣小史

重以歷代君主，皆崇奉喇嘛，耗國損民，尤與元相終始。

<small>喇嘛小史</small>

喇嘛者，本佛敎別派，行於西藏，故又號西僧。世祖得吐蕃後，以其地險遠，欲有以柔服之，乃以喇嘛治其地。於京師設宣政院，掌天下釋敎僧徒，而兼治吐蕃之境，領之以國師。有八思巴者，爲世祖國師，其命與詔敕並行，終元之世，師位傳授不絕，其徒常散布於中國。歷代帝后妃主，皆受

<small>元季喇嘛之害政</small>

喇嘛戒，營建供養，所費不貲。西僧歲作佛事，至釋輕重囚徒，以爲福利，姦徒夤緣幸免，賞罰道廢；又寺觀田畝，皆免租稅。平民入寺籍爲佃戶者，亦不輸公賦，歲入坐減，小民不堪厚斂，叛亂遂起。

如是等等，皆足以失人心，雖無順帝之荒淫，元事亦不可爲矣。

<small>元末之土崩</small>

元順帝在位三十五年，日事淫樂，寵狎西僧，厚斂於民，民不堪其役。而當時又有大挑黃河之舉，功巨而民勞。賈魯雖治河名家，亦爲世所訶，

<small>豪桀之亡元</small>

於是近自京輔，遠暨嶺海，起兵者以百數，江淮以南，蜂屯潮沸，遂蔓延不可制。濠人朱元璋，從郭子興起事於定遠（今安徽屬縣）。子興死，元璋代領其眾，江淮羣雄，次第剪滅；更命徐達、常遇春北逐元帝，遂統一中國本部。而元順帝遂北走和林，旋殂於應昌（今多倫縣東）。其裔仍稱大汗於

178

和林，與明相對立焉。元代主中國凡八十九年。

蒙古之強，本以兵力，其故俗初無文化。

蒙人性質勇悍，善騎射，耐勞苦，餐酪而飲血。其俗：家有男子，年十五至七十，無衆寡，盡僉爲兵，有事上馬，行無輜重，故能所向無前，而武功稱最。又兵雖在行間，必令其妻守家，以供稅額，故頻年用兵，而貲財不匱。國無文字，借畏吾兒（即回鶻，在乃蠻部南）字或漢字用之。世祖乃命番僧八思巴造蒙古新字千餘，大要以諧聲爲宗，然甚簡劣。而回回字以便於關防之故，亦盛行於國焉。（參《續通考》四十七）

〔蒙古制勝之由〕
〔元時文字〕

世祖雖有學校之設，然精神不著，收效極微。

元初中央立學有三：曰國子學，曰蒙古國子學，曰回回國子學，各有國子監以掌學政，然名額甚稀，成材有限。其以許衡爲國子祭酒，不過少數公卿大夫子弟蒙其教而已。江南本有學田，世祖時省吏至鬻之，以其價充官用。世祖之末，乃始給還。州縣學及各省書院，亦至晚年乃命設立。終元之世，學校苦鮮精神，故明太祖謂其"名存實亡"也。

〔元代教育之無實〕

私家亦頗有講授，而要不外程朱之緒餘。

南宋之季，理學得在上之表章，所在大行；然束書不觀，舍朱說以外一物不知，所謂通經致用之才，竟無所得。（通經本不足致用，此系別一問

〔程朱末流〕

179

題。）元人袁桷論之曰："自宋末年，尊朱熹之學，屑腐文敝，止於《四書》之註。故凡刑獄、簿書、金、穀、戶口靡密出入，皆以爲俗吏而爭鄙棄，清談危坐，卒至亡國而莫可救。"（《續通考》引）蓋實錄也。元興，許衡以佐命之臣，教於國學。趙復以江南俘虜，入元後，建太極書院，以復爲師。程朱之學，自是遂大行於北方。其他以理學顯於時者，有金履祥、吳澄。履祥本王柏門人，隱居教授，頗讀書。澄教於官學，弟子最衆，於諸經多所述纂，喜竄亂割裂，雖見解不隨人，然稍悍矣。外乎此無足稱者。

仁宗沿宋制，復以科舉取士，

南宋以後，科舉弊竇日滋。（理宗時，朱端常所陳有：傳義、換卷、易號、卷子出外及謄錄減裂之五弊。）主者不求改進，惟防弊之法日工。元仁宗皇慶二年，詔復科舉，定條制：科場每歲一次，鄉試以八月（卽宋之秋解），會試以次歲二月（卽宋之禮部試），御試以三月（卽宋之殿試）。一切規定，如懷挾有搜檢，謄錄有對讀，視宋蓋加密焉。茲表其考試程式如下：

仁宗復科舉

元代科場程式表

試場		蒙古、色目人	漢人、南人
鄉會試	第一場	經問五條 《四書》內設問，用朱氏注	《四書》問二條　用朱氏注，限三百字以上。《五經》義各一道　各治一經：《詩》主朱氏，《尚書》主蔡氏（沈），《周易》主程朱，均兼用古注疏。《春秋》用"三傳"及胡氏（安國）傳，《禮記》用古注疏，限五百字以上
	第二場	時務策一道　限五百字以上	古賦詔誥章表內科一道
	第三場	—	第一道　經史時務內出題，限一千字以上
御試		時務策一道　限五百字以上	第一道　限一千字以上

諸所規定，多爲明清之濫觴云。

仁宗科場制度，與後世有關者不少，舉數則如下：

元代科場制度所貽之影響

（1）《四書》自此遂懸爲令甲，《五經》雖兼用古注疏，然竟以宋人傳爲主。

（2）詩賦取士之弊雖除，然字數有定限。仁宗又以王充耘所爲《書義矜式》，著爲文格，於是八股文以興。

（3）一切防弊條規，有至今遂沿用者。

又元人以他途進身者甚多，其由科第者十不及一，故得人未盛云。

第二十二章　明政術 國際附

明太祖之爲治也，務在廓張君權，使柄不外假，觀於所定之官制而可知也。

<small>太祖之罷相與分權</small>

明初仿元制，立中書省，以右左丞相爲之長。洪武十三年，宰相胡惟庸以反誅，由是罷中書省，廢丞相官，分其政於六部尚書，而天子總其成。此外糾劾，則責之都察院，章奏則達之通政司，平反則參之大理寺，務在分其政權而集中於上。其在地方官制，則廢行省，設布政、按察兩司，以分掌財政若刑名。若總督巡撫之官，則其始不過臨時派遣，後乃變爲常設，而兩司反降爲屬吏。元行省之下爲路。

<small>外官之五級制</small>

太祖則改路爲府，其下設置州縣，爲親民之吏；復恐守令貪鄙不法，於是府縣之上，又添設分巡分守兵備等道以監臨之。於是治民之官少，而治官之官多，自督撫以至州縣，凡有五級，此最一朝之秕政也。

其門下省雖廢，然尚留給事中司其封駁，與御史並爲言官。

第二十二章　明政術

門下省職主駁正，爲專制國審查詔令之唯一機關，故唐人有言：“不經鳳閣（謂中書省）鸞臺（謂門下省），不得稱敕。”其重如此。御史則糾彈百僚，其職亦重，二者蓋猶今監察院也，所欠者，不能必人主之聽從耳。明太祖沿元之制，不置門下省，而獨留給事中，分爲六科，以省知六部之事而糾其弊誤。門下省雖罷，而給事中仍有封還執奏之權。御史則依行政區域，分十三道（時天下設十三布政使司），掌彈劾官邪如故，惟改御史臺爲都察院耳。凡總督巡撫，皆兼都御史之職，其重要可想見。此兩機關，古稱臺諫，自明以後，則謂之科道，而一在宣行制敕，一在監察百司，則兩者之區別也。

門下省之回溯

明代科道之重

其吏部能舉考察之實，太祖又留心民事，故吏治尤良。

太祖廢中書省後，其權歸於六部。吏部掌銓選黜陟之事，其權尤重。六部堂官，固得推薦，即外之巡撫、布政等官，亦吏部所選用。（參趙翼《廿二史札記》）太祖懲元季寬縱之失，用法本嚴；又起自布衣，稔知墨吏虐民之烈，嘗以極刑處之；其有善狀者，則遣使齎敕旌其治行；士民有請留良吏者，輒進秩留任（明制不禁布衣上書），所以激勸之者甚至。而吏部於考察又認真，故一時風氣移易，吏治多可觀。史謂：“洪武以來，吏治澄清者百餘年，當英宗、武宗之際，內外多故，而民心無

明代吏治之美

土崩之虞，由吏鮮貪殘故也。"（《明史·循吏傳》）

其用刑雖主重，然改良舊典處亦多。

太祖嚴峻之治　　明太祖以嚴峻爲治，臣民有犯必誅，無所容貸；又猜忌功臣，往往不保其終，故爲後世所議。然嘗自謂："吾治亂世，刑不得不重。"是非以重爲定法也。（諭太孫語）其所頒《大明律》，體制沿自《唐律》，分吏、戶、禮、兵、刑、工六門，而撮舉總綱於首，謂之名例律；刑名亦分笞、杖、

明代刑事政策之改進　　徒、流、死五等，而各有差。史謂律文視唐簡核，而寬厚不如宋（《刑法志》）。然考太祖所定章制，亦頗有改進於前者數則：

（1）建申明亭於內外府州縣及鄉之里社，民有犯者，書其過名，榜於亭上，使知懲戒（雜犯小罪不書）；刑部亦立此亭，書職官之犯法者。

（2）頒《皇明祖訓》，永不許用黥、刺、劓、刖、閹、割之刑。

（3）同居親屬有罪，得互相容隱（此採自《唐律》）；告人者不得指其子弟爲證。

（4）用刑除公侯別議外，遼金元種族之界，完全剔除。

惟明代廷杖公卿，辱及士大夫，自太祖啟之，斯則作始之失也。

兵則立衛所於天下，而總於都督府，尤得唐府兵遺意。

第二十二章　明政術

　　明之兵制，自京師達於郡縣，皆立衛所，其長官曰衛指揮使，外統之都指揮使（省稱都使），內統於五軍都督府（分中左右前後五軍，即宋元之樞密院）。而上十二衛，爲天子親軍，不與焉。自衛指揮使以下，官多世襲，其軍士亦父子相繼。凡衛所之兵，平時皆從事屯田，有征伐則兵部命將充總兵官，調衛所軍領之；既旋，則將上所佩印，兵亦各歸衛所，蓋師府兵遺意。至都督府之設，所以司軍旅征伐。兵部有出兵之令，而無掌兵之權；五軍有統兵之權，而無出兵之令。至將屬於五府，而兵又總於京營，合之則呼吸相通，分之則犬牙相制。（《續通考引》孫承澤說）斯尤維防之深意也。〔衛所之精意〕

　　惟田賦雖有整理之功，而江浙之賦乃獨重，斯則未得均平之義耳。

　　明太祖於賦役之制，頗爲詳明。賦者，按田以征；役者，據人戶物力以定；有黃冊，以戶爲主；有魚鱗冊，以土田爲主，凡賦役之定，土田之訟皆稽焉。此法雖其後漸散失，而在當時固屬善法也。然以張士誠拒命難下之故，至盡籍浙西富民之田，即以私租額爲官稅。浙西自南宋之後，豪強兼并，收租本重，太祖又從司農卿楊憲之言，加其稅兩倍。故丘濬有言：「韓愈謂賦出天下，而江南居其九。以今觀之，浙東西又居江南十九；而蘇、松、常、嘉、湖五府，又居兩浙十九也。」然則科稅之不均，洵達極點焉。〔明初賦役之制〕〔江浙賦重之由〕

而大行封建，其弊尤鉅。

封建之迴波　　太祖懲宋元孤立，失古封建意；爰擇名城大都，分王諸子，以外衛邊陲，內資夾輔。其制祿，親王歲萬石，置傅相官屬護衛甲士，少者三千人，多者至萬九千人，籍隸兵部；冕服車旗邸第，下天子一等，公侯大臣，伏而拜謁，禮無與鈞，惟列爵

明代封建之弊　而不臨民，分藩而不錫土，與周漢之制略異。然積日既久，其弊乃滋，就輕者言，以王府之尊而在外郡，則勢力足以病民；且支庶蕃衍，皆仰給縣官，不使出仕及別營生理，藩與國乃交困（此趙翼說也）；若就重者言，靖難之禍實胎於此。

厥後靖難兵起，辛召篡奪之禍，非不幸也。

靖難之役　　太祖初都金陵，以北平地要，命第四子燕王棣統兵鎮守之。太子標薨，帝立允炆爲太孫，棣心不平。太祖崩，惠帝即位，患燕王之逼。兵部尚書齊泰、太常黃子澄建議削藩，帝稍有所削。燕王聞之，遂舉兵，以靖難爲名。建文四年，都城陷，帝不知所終。燕王遂自立，是爲成祖。永樂十九年，以北平爲京師，遂遷都焉。

成祖之朝，政歸內閣，太祖罷相之意浸失，

初，太祖罷中書省，分其職於六部尚書，特諭羣臣，以後嗣君，毋得議置丞相；其大學士之任，以翰林充之，但備顧問而已。蓋太祖主於親裁，故

閣臣預務之始　罷相位以免旁落也。然人主於衆務，不能無所倚任；既倚任之，權即歸之。成祖即位，特簡解縉、

胡廣、楊榮等直文淵閣，參預機務，閣臣預務自此始。然其時入內閣者，皆編檢講讀之官，尚不得專制其事，諸司亦尚不相關白也。其後仁宗、宣宗朝，大學士以東宮舊臣，倚任甚篤，事無大小，悉以咨決，由是閣職漸崇，無宰相之名，而有其實。其他設施，亦鮮可觀。嘗惡人議己，立誹謗之法，又倚宦官為耳目，使刺外事（詳下章），則其政術可想矣。

然內治不足觀，而武事頗有可紀。

是時元裔在漠北者，稱韃靼可汗。其西有瓦剌者，亦蒙古部屬，成祖嘗封為順寧王，皆頗桀傲，常拘留明使。成祖先後破韃靼於斡難河、瓦剌於土拉河，皆敗降；復移師征兀良哈（即烏梁海），剪瓦剌羽翼而還。於是蒙古一帶皆暫服焉。安南在宋為神宗所討服。元憲宗時，嘗用兵征之，未能克；其後至陳日煃始歸元；元亡，安南世受明封，永樂初，其臣黎氏篡立，故老來告難。帝遣沐晟、張輔等討平之，遂置交趾布政司，統其地，於是占城、老撾諸國悉來附。又數年，開貴州，亦建布政司焉。（宣宗時復棄安南。）

成祖之四征

如鄭和之使西洋，尤為國際交通增色。

宋時南洋諸國，如三佛齊（今蘇門答臘）、闍婆（今爪哇）、渤泥（今婆羅洲）等，已與中國交通甚盛，顧罕有遍歷諸島者。永樂三年，帝疑惠帝亡海外，遣中官鄭和等蹤跡之，多齎金帛，率兵三

鄭和之航海事業

萬七千餘，造大船六十二艘。和由蘇州婁家港泛海，達南洋，循紅海，行非洲沿岸，繞馬達加斯加南端而還。所經凡四十餘國，頒詔宣示威德，因給賜其君長；不服，則懾之以兵，諸邦咸聽命。計前後凡七奉使，三擒番長，爲從來宦官所未有，蓋先於科侖布者八十餘年。雖惠帝終不可得，而南洋航路因是而開。諸番利中國貨物，益互市通商，往來不絕焉。

惟輕棄北邊三鎮，實開後世邊患之原。

明之九邊

明於邊境置行都指揮使，總邊兵以分鎮其地。元亡之後，蒙古與中國離，故北邊僅抵雲朔（今山西北境）。爲防制計，總設九邊：曰遼東、曰薊州、曰宣府、曰大同、曰榆林、曰寧夏、曰甘肅、曰太原、曰固原。北平之地，東倚遼東，西倚宣府，其中實恃三衛爲屏蔽。三衛者，朵顏（在今吉林北珠家寨子附近）、福餘（在今農安縣附近）、泰寧（在今遼寧東北部），皆故元部族之內附者。洪武中，以隸北平行都司，而寧王權（太祖子）居大寧（今赤峯、承德間）以節制之。靖難兵起，誘執寧王，以兀良哈（即烏梁海，時居三衛之北）兵從戰數有功；及事平，遂徙大寧行都司於保定（今河北清苑縣），而以三衛之地予兀良哈。自是北邊失一重鎮，宣府遼東，聲援隔絕矣。

三衛之棄與邊患

而除惡未盡，瓦剌復張，卒有土木之變，是又非帝所及料矣。

瓦剌之强與土木之役

　　蒙古雖暫服，而韃靼、瓦剌東西對立，日相仇敵。瓦剌酋脫懽，卒破韃靼而降其部屬，立元裔脫脫不花爲可汗，而自爲相，雄視漠北。英宗時，脫懽卒，子也先嗣，尤梟傑，西制哈密，東降兀良哈，遂大舉入寇。宦者王振奉英宗親征，至大同，知不敵，還師，行至土木堡（在今察哈爾懷來縣西）中伏被虜，振及將士皆死。于謙以太后命，共立郕王（帝之弟）監國，而尊英宗爲太上皇。也先不得逞，乃奉還上皇以請和，歸則弒其可汗而自立，旋被殺，韃靼人又來攻，於是瓦剌西徙而分裂，明邊暫安。厥後脫脫不花之子，嗣爲可汗。傳至達延汗時，大漠南北，乃至套部，悉平定之，分封諸子，今之內外蒙古，其苗裔也。

第二十三章　明季政亂

明代中葉以後之政象種種

明之中葉，政治漸壞，其原因不一而足，明初成祖之下，惟仁宗、宣宗稱治世，以後則漸衰，今略舉數端如下：

（1）內閣之權日重，遇無爲之主，則赫然爲眞宰相，壓制六卿，如世宗時嚴嵩是。

（2）吏部考察之法，徒爲具文，人皆不自顧惜，撫按之權太重，舉劾惟賄是視，人皆貪墨以奉上司，吏治日媮（參《明史·循吏傳》）。此亦自世宗時始。

（3）自成祖用中官刺外事，閹宦漸持權（詳下文），遇昏主在位，徑使太監秉筆，謂之批紅。大學士卽使得人，然本非眞宰相，常爲所制。

（4）營制屢更，訓練無聞，又多撥使做工，每自逃亡，都督府徒擁虛名，實則冗散不可用。

先是武宗之朝，閹宦禍國已烈。

明代宦官用事小史

明太祖深悉前代宦官之禍，定制内侍毋許識字，又鑄鐵牌於宮門，文曰："内臣不得干預政事，

第二十三章　明季政亂

犯者斬。"又敕諸司，毋得與內官監文移往來，初置錦衣衞獄（一稱詔獄），後乃悉焚其刑具，以囚送刑部審理。成祖起北平，得惠帝中人為耳目，卽位後，始選官敎令讀書，多所委任，設京營提督，使監軍；建東廠，使刺外事，並使出外國。英宗諸朝，諸財利官及邊防要職，亦多以中人為之；復辟後，復使宦者逯杲等掌錦衣衞獄。憲宗末，又設西廠，以汪直領之，廣置緹騎，使刺外事。迨至武宗朝，寵東宮舊豎劉瑾，於東西廠外，別立內廠，橫暴尤盛。瑾又勸帝，令內臣出鎭者，各貢萬金，畿內則廣置皇莊，使利入官府，其後乃伏誅，而朝事已大壞矣。

　　神宗初，政尚可觀，中年以後，因時勢之艱難，與朝廷之怠荒，秕政漸出。

　　明代諸帝，知為治之術者，首推太祖。成祖雖英明，然不達治體。宣宗孝宗，粗能守文而已。餘則誤於近倖者為多。蓋太祖但知罷相以固帝權，而不知子孫能運用此權者固絕少也。世宗時，嚴嵩以邪奸當國，閣臣漸專。神宗初年，張居正亦極有宰相之實，然居正雖專而甚忠，輔政十年，立章奏考成法，廣求將才，度天下民田（增至三百萬頃），汰內外冗官及浮費，而一歸於綜核名實，嚴飭紀綱，故萬曆初政，百廢具舉，府庫亦頓為充實（於免天下欠租知之）。居正卒，代相者率庸謹。帝則日耽荒逸，不復以國事為念，至二十餘年不視朝，

張居正之治

萬曆政敝概括

章奏寢而不發，官寺缺而不補，紀綱廢弛，君臣否隔，明政始衰。又自嘉靖以來，邊事叢棘，至萬曆益甚。最後北伐用兵，騷動全國，糜餉數百萬，於是國用大匱，秕政多有；加賦外，又遣中官四出開礦，及爲各省稅使，所至以奸民爲爪牙，搜括百姓，中人率破產，萬民愁怨，激變累起，遂成土崩之勢。

嘉靖以後邊事表：又寧夏播州之叛，耗財亦甚，以非繫邊事，不具列

事別	時期	由來	明廷應付情形
倭寇	嘉靖朝	明廢市舶提舉官。賈客至，悉主商家，商負值不償，迫而爲寇。奸氓爲之鄉導，江浙大受其擾	嘉靖三十年，以胡宗憲總督軍務，始計誅盜魁汪直等，而總兵官戚繼光等，又連有海上之捷，患始漸平
俺答	嘉靖至隆慶	本蒙古達延汗之裔，居今歸化城西，恃強侵邊	穆宗時，受明之撫，封順義王，始不爲寇
土蠻	隆慶朝	本蒙古插漢酋長，恃強侵邊	用張居正言，以戚繼光鎮薊門，勢乃戢
滿洲	萬曆以後	別詳	張居正以都督李成梁鎮遼東備之

192

第二十三章　明季政亂

續　表

事別	時期	由來	明廷應付情形
朝鮮之役	萬曆期	日本構兵朝鮮。朝鮮自明初卽受冊封，因來乞援	神宗遣將援之，不克而和。封日將平秀吉爲日本國王。秀吉見冊怒，復戰，前後用兵互七年，秀吉死，日兵始退

於是廷臣互訐，黨議以起，

神宗旣倦勤，由是小人之好權趨利者，乘時樹黨，在廷正士，不勝憤激，門戶之禍以起。初，太祖重科道之任，言官遂爲清流所歸，而他官及士庶，亦皆許上書言事。於是士大夫聞風慕義，言路大昌，有建言獲罪者，衆以爲榮，雖意氣有不免，而朝野正論，隱寄於是。神宗在位久，太子未建，常洛最長而其母無寵。帝欲立常洵（鄭貴妃出），吏部員外郎顧憲成率同官疏爭之，位乃定。會廷推閣臣，憲成又忤帝意，削籍歸無錫故里，身被廢而名益高。里故有東林書院（宋楊時講學處），憲成倡修之，偕同志高攀龍等講學焉，海內人士爭歸之。往往風議時政，裁量人物；朝士慕之者，與相應和，東林之名大著。未幾，鄒元標、趙南星亦以罷官講學於鄉，自負氣節，與政府抗。時人與憲成並號曰三君，實爲東林黨議之始。

因三案之爭而益熾。

明季言路之盛

東林黨之起

三案之眞價值　　三案者，皆皇室一家之事，而頗涉危疑。當事發之際，東林黨人或揭其微，或杜其漸，以言於朝；而諂附宮奄者，則務反其說，爲排擊計，於是隱事乃成鉅案，爲邪正分黨之鵠臬矣。表文如下：

三案表

三案名	事實	東林爭點	處分	奄黨翻案之說
梃擊	太子常洛立，神宗待之薄。有男子張差持梃入太子宮，被執，法司以風顛定案。刑部從提牢主事王之寀言，嚴鞫之，具得內監龐保等主使狀。保等皆鄭貴妃近侍也	時中外多疑貴妃與弟國泰謀危太子。至是給事中何士晉直攻國泰，且侵貴妃。他廷臣疏論者亦衆	妃乞哀太子，太子請帝具獄無株連，遂如初擬磔差於市	奄黨翻案之說爲之寀開釁骨肉，誣皇祖（神宗）負先帝（光宗），雖碎骨不足贖
紅丸	神宗崩，光宗（常洛）立，鄭貴妃進美姬於帝，帝惑之，有疾。閣臣方從哲稱鴻臚寺丞李可灼有紅丸，自云仙丹。帝服之，再進而崩	禮部尙書孫愼行劾從哲爲弑逆，謂始則過信可灼，有輕進之罪；後則曲庇可灼，有不討逆之罪	議者百餘人，紛主愼行說，請罪從哲。議上，可灼遣戍，而從哲不罪	謂愼行妄疑先帝不得正其終，輕詆皇上（熹宗）不得正其始，爲罔上不道

194

第二十三章　明季政亂

續表

三案名	事實	東林爭點	處分	奄黨翻案之說
移宮	光宗寵選侍李氏，欲立爲后，不果。帝崩，選侍與奄人魏忠賢謀挾熹宗居乾清宮	給事中楊漣、御史左光斗謂選侍將借撫養之名，行專制之實，武氏之禍，再見於今，有不忍言者，疏請移宮	熹宗亦以漣言爲然。選侍不得已，卽日移噦鸞宮	謂漣等內結王安，故重選侍之罪，以張擁戴之功

當天啟之初，奄黨位勢猶未盛。自方從哲外，朝士鮮通宮掖者，故東林之議獲伸。未幾，方從哲罷，葉向高爲相，東林黨盈朝。鄒元標等則倡建首善書院於京師，朝暇與高攀龍等講學其中，其勢大盛焉。

厥後熹宗怠荒，魏忠賢用事，盡翻三案，善類一空。毅宗雖加誅殛，而衰亡之機固已伏矣。

熹宗卽位，太監魏忠賢與帝乳母客氏私，俱有寵。忠賢尤猜忍陰毒，日引帝爲倡優聲伎狗馬射獵，而己則陰竊政柄；旣掌司禮監，尋復提督東廠，以田爾耕、許顯純爲爪牙，羅織細故，恣行傾陷。楊漣（左副都御史）疏劾忠賢罪，矯旨切責，與左光斗（僉都御史）俱削籍，善類爲之一空。旣而反東林者，悉相率歸忠賢，稱義兒。尋更誣漣等以封疆事，殺之，毀天下書院，榜東林黨人姓名示天下，作《三朝要典》，舊案盡翻（詳上表末欄）。高攀龍、周順昌等，逮死甚衆。（王之寀下獄死，

魏忠賢亂政

195

孫慎行遣戍，李可灼召還。）幸熹宗在位僅七年崩。毅宗立，正忠賢罪，被放而死，客氏伏誅。旋定逆案，凡附忠賢者，悉誅譴有差。又從倪元璐言，毀《三朝要典》，於是黨議始告結束。然是時，明之政局，已有不可終日之勢：

毅宗圖治甚難之由

（1）神宗好聚財，徵斂重疊，時有"內庫太實，外庫太虛"之難（熊明遇語）。戶部告匱，則遣中官覈各省積儲，於是外帑亦日耗。（熹宗又有括天下庫藏輸京師事。）

（2）時以遼東用兵，數加天下田賦，至五百餘萬兩，謂之遼餉。民久苦礦稅，又輸重賦，天下蕭然，始大困弊。

（3）自黨獄起後，人才大耗，在廷染門戶餘習，可與圖治者鮮。

（4）自中葉以來，戎政久弛，將領以空名支餉，而操練疏闕，一朝寇警，戰守俱困。（熹宗舉內操，則兒戲之類而已。）

重以邊事日棘，毅宗雖銳意求治，其如疲敝之已甚何哉！

初，神宗之朝，滿洲興於東方。

滿州之興

先是金源既滅，其種落仍散處混同江南北。明采羈縻之術，分建衛所以撫柔之。建州衛有愛新覺羅·努爾哈赤者，當神宗時崛起東隅，雄桀善戰，先擊併近部，又以蘇克蘇滸部（又稱圖倫部）尼堪外蘭戕其祖父，引兵攻之。尼堪外蘭奔明邊，明執付努爾哈赤，且開撫順等處，與互市，由是威服五部，初號滿洲（五部者，蘇克蘇滸河、渾河、完顏、棟鄂、哲陳也），建元天命，更併有長白山扈倫諸部落，是爲清太祖。萬曆四十四年，太祖遂叛明，陷鐵嶺，滅葉赫國（在今吉林西南），敗楊鎬二十萬衆於薩爾滸，盡得遼瀋地。

明廷有良將，而不終其用，邊事遂日棘。

明制，諸邊皆有鎮守中官，侵冒疏略，最足誤事，然東邊尙不乏良將。神宗朝，戚繼光在薊鎮，李成梁在遼東，當國大臣如高拱、張居正，並倚任之，邊防修舉。居正死，繼光改官粤，成梁去而復用，遼左得少事。然六堡之棄（在遼陽東，地險土沃，爲遼左要害），藩籬全撤。而明制重內輕外，中使之監軍（熹宗嘗一行之），言官之齮齕，雖有幹帥，常爲所制而不得展。熹宗初，遼東已全失。明廷以王化貞巡撫廣寧（今遼寧北鎮縣），起熊廷弼經略遼東。廷弼建三方佈置策，主堅守廣寧，天津、登萊各設水師，而自居山海關節制之。化貞梗其議，疏請出師。朝議右化貞，一舉失數城，與廷弼走入關。明殺廷弼，以孫承宗代爲經略。承宗有將才，王嚴守錦右（錦州及廣寧右衛也），使袁崇煥城寧遠（今遼寧興城縣），練兵屯田，立成重鎮。魏忠賢忌之，代以高第。第盡撤守備入關，崇煥爭之，誓以死守。清太祖屢攻寧遠，不克而殂。太宗立，以寧遠難猝下，移軍定朝鮮；旋伐明，由喜峯

神宗朝之東防

熹宗朝東事之敗

口進逼京師。崇煥兼程入援，太宗縱反間，明毅宗信之，下之獄；旋以擅殺東江守將毛文龍罪，磔殺之。既而孫承宗入援，清兵乃東還。而明將孔有德、耿仲明、尚可喜、督師洪承疇，相繼降清，東事遂益敗。

迨至流寇蜂起，內外俱困，雖有勤政之毅宗，而終不免於亡國，勢也。

明自神宗後，民窮財盡已久（見前）。毅宗初，陝西大祲，饑民饑軍，羣起爲流寇。帝又裁驛站冗卒（爲餉絀故），山陝游民無所得食，皆從賊。萬曆遼餉加派，民已愁怨；帝又迭增田賦，曰勦餉（增二百八十萬），曰練餉（增七百三十萬），並舊之遼餉，凡增賦一千六百七十餘萬，民不聊生。而武臣驕惰，功終不奏，又不知戰略，徒能爲大言，受降妄縱，苟且省事，寇烽遂熾。於是陝賊李自成陷河南，張獻忠陷襄陽武昌。時閣臣溫體仁、周延儒率庸駑貪黷，專務植黨。帝求治急激，甫卽位，黜中官，既見廷臣不足恃，復遣王應朝等爲監軍，戎政愈壞。崇禎十七年，張獻忠入蜀，李自成自山西陷眞定，北陷大同宣府，遂由居庸關入京師。毅宗登煤山，以帛自縊，遂崩，京師陷。明凡二百七十六年而亡。

明室既墟，清遂因而據其故都；

清既平朝鮮，又脅降內蒙古諸部，遂有進圖中原之志。太宗殂，世祖福臨立，年幼，睿王多爾袞

流寇亡明

滿清入都

第二十三章　明季政亂

攝政，聞明有內亂，謀略取關外地；會明山海關守將吳三桂入都勤王，途聞愛妾陳沅被掠於自成，走還降清。多爾袞納三桂降，與合兵共擊自成，破之。清世祖入京師，遂定爲都城，分兵略定山東、山西諸地。自成走死湖廣，獻忠尋亦爲清軍所斬，流寇平。

雖有諸王之分立，與鄭氏之欲圖恢復，而終爲清所削平焉。

今表列明清之際諸獨立之師顚末如下：

明季之獨立軍

獨立軍表

獨立者	獨立情形	結果
福王由崧	北都初陷，史可法等擁立於南京，改元弘光。馬士英等秉政，以可法出守揚州	清順治二年，豫王多鐸屠揚州，史可法死之，進取江南，福王出降
魯王以海	南京旣破，遺臣張國維等奉王監國於紹興	順治三年，貝勒博洛兵下紹興，魯王走入海，未幾殂
唐王聿鍵	南京破，遺臣黃道周等奉王稱帝福州，改元隆武	博洛旣下紹興，旋至汀州。唐王被執不屈死，其將鄭芝龍降
桂王由榔	閩浙旣破，遺臣瞿式耜等奉王稱帝肇慶，改元永曆	順治四年，李成棟克肇慶，桂王展轉入緬甸。康熙元年，吳三桂逼緬人獻王，殺之
臺灣鄭氏	鄭芝龍降清，其子成功走廈門，旋攻臺灣，驅荷蘭人而據之，經營十餘載，未遂而卒。子經嗣，獨立如故	清畏其強，欲與和，而疆吏不謂可。旣而鄭經卒，內亂。清命水師提督施琅征之，鄭克塽出降，時康熙二十二年也

199

第二十四章　清政術

　　清之初葉，其政治可謂集專制政治之大成，其沿襲明制者不具論。凡所改革，皆有深意寓乎其間：

清集專制政治之大成

　　我國專制政治，自秦至明，已二千八百餘年。其間歷代相嬗，可法可戒之事，愈久而益夥。降至清初，除世祖降年不永，又頻年用兵，於內政未見設施而外，若聖祖、世宗、高宗三朝，皆資性非常之主，又值方盛之運，軍國大模，皆定於是時。今先舉最微細者三端，如：

　　（1）宗室有王公等封爵，但食祿而不錫地，則封建廢。

前代三弊之除

　　（2）自聖祖廢允礽後，不復立太子。世宗豫書繼嗣之名，緘置乾清宮高處，高宗以後踵而行之，則建儲制廢。

　　（3）定太監官不得至三品，裁減員數，所掌但爲掃除使令之事；又不許出都城一步，違者立斬，則宦官預政之弊除。

第二十四章　清政術

此三事者，由今觀之，關係誠若極輕，而實助歷朝所演之慘禍，屬於三事者已非一端，其鑒戒之意深矣。其他大政，有如次述。

爲綜攬萬機，則分大臣之權以集於上；

清初，以殿閣大學士贊理機務，表率百僚，與明制同。聖祖時，南書房翰林地居禁近，撰擬諭旨，多出其手，一時頗稱貴要，然機事仍在內閣。世宗時，用兵西北，慮內閣有漏洩，始別設軍機處，簡大學士入辦密行事件，稱軍機大臣。於是諭旨不盡由內閣，其要務且不發鈔，擬呈後，卽緘付兵部發驛馳遞，謂之廷寄，此其一。　　軍機處之設（世宗集權之法一）

六科給事中在明代爲言路要職，有封還詔書之權，與御史之監察百官者本異。世宗則詔以六科隸都察院，聽都御史考核，於是給事中之升轉，與御史無異；雖仍掌傳達綸音，然密本由內閣徑下，無審查之實矣，此其二。　　科道之併（世宗集權之法二）

通政司，爲收受章奏之機關，世宗慮其壅蔽，則更設奏事處於宮門。凡臣工封事，皆許詣宮門，由處直達御前。其陳事之疏，在內各部院，徑送內閣；惟在外督撫等章奏，由通政司校閱送閣，於是奏事亦不限一途矣，此其三。　　奏事處之立（世宗集權之法三）

至於地方官制，自明已採牽制政策，清代無甚更張，不贅述。

爲防制漢人，則置駐防之兵以統乎內。

清室初入關，雖下令薙髮易服，而不禁婦女纏　　清之兵制與猜防政策

201

足，不許滿漢通婚，則種族之見，初未泯除，故其設施，常以猜防爲事：以兵制言，入關之前，原有滿洲旗兵黃、白、紅、藍四正四鑲，謂之八旗；入關後重定營制，設禁旅八旗，專任京師警衛，以都統節之。而爲防漢人反側計，更擇各省要害，置戍守之，統以將軍，謂之駐防八旗。凡旗兵皆世襲，其給餉最優，一丁受餉，則全家坐食。自太宗始，諸帝皆迭諭八旗，命其留心武備。太宗常以騎射勉其族人，於古之君主獨取金世宗。高宗至謂騎射、國語，乃滿洲之根本、旗人之要務（乾隆十八年諭），其保存舊習，蓋兢兢焉。至各省原有營兵，入關後雖編爲綠旗，謂之綠營，然其數有限，清初大征伐，無用綠營者，固以綠營不可用，亦以其不可恃也。

賦役之制，自明季行一條鞭法而二者合，末年用兵，加派轉甚。

初，明代役法，有銀差、力差之分，以一百十戶爲里，里分十甲，曰里甲。分戶爲上、中、下三等，五歲均役，十歲一更迭。及其久也，科斂重重，不勝苦累。萬曆時，乃改行一條鞭法，總括一州縣之賦役，量地計丁，丁糧畢輸於官。一歲之役，官爲僉募，力差則計其工食之費，量爲增減；銀差則計其交納之費，加以增耗。計畝徵銀，折辦於官，於是徭役與兩稅，合而爲一，小民得無他科擾，民力不大絀。然萬曆中接踵三大征，頗有加

一條鞭法之回溯

派，歷熹宗至毅宗，所增之賦，名目猥多（具詳前章）。既增之後，即不復能減。且賦額至爲苛重，數倍正供之數，民不聊生，遂益起爲盜。此明亡之重要原因也。

清則沿其制而蠲其弊，而聖祖尤多卹民之意；惟自編審停後，民數遂無可稽。

清興，首頒蠲除加派之令，定《賦役全書》，行一條鞭法，立黃册、丈量册，與明同（丈量册卽魚鱗册）。康熙十年，停造黃册，然五年一編審如故，於民數尚有統計。五十二年，以國力豐實，詔嗣後止將現在錢糧册內有名丁數，垂爲定額。其滋生人丁，另造清册，永不加賦（謂之盛世滋生册）。雍正元年，遂將丁銀攤入地糧，地丁合征徵始此。乾隆三十七年，停止編審之法，民數悉憑保甲造册，每年十一月，由督撫專摺奏報。自是以後，我國戶口數，始無正確統計。　　清初賦役之因革

然康、雍諸朝，不加賦而國用足。

清初用兵十餘年，國用殊絀，而未嘗責諸人民，其故在於理財有道。茲刺舉數端如下：　　康雍國富之由

（1）聖祖躬行節儉，重在厚養民力，戶部積儲，非兵賑不妄發，於是府庫日充。

（2）州縣徵收錢糧，本有附徵耗羨之例。雍正初，詔各省酌定分數，提解藩庫，於是私項化爲公賦。（凡合省公事之費，以及上司下屬養廉之需，咸於耗羨項內動支。）

203

（3）時州縣虧空錢糧甚巨，聖祖雖申動用之禁，而上下扶徇，頗難清理。世宗始限疆吏澈查，凡官吏挪移或侵欺，分別定例治罪；侵欺至千兩以上，卽行正法，於是貪風大戢。

故康熙四十八年，府儲銀至五千萬兩，雍正中達六千萬兩。

世宗尤能澄清吏治，

世宗名法之治

曾國藩云：「康熙之末，久安而吏弛，刑措而民偸，故世宗救之以嚴。」蓋世宗在潛邸三十年，灼知官吏情弊所在，後在位雖十三年，而創制立法，多出其朝（詳上）。帝於考課極核實，嚴諱盜之誅，重犯贓之禁；各省薦擧卓異之員，有貪酷不法者，原薦官降革有差；又常布密探，偵刺朝臣家事，於是居官惴惴自保，大法小廉，殆成風俗。乾隆廷試制策有云：「康熙年間有淸官，雍正年間無淸官；非無淸官也，夫人而爲淸官也。」（《淸通考》五十九）其時吏治之良如此。

與豁除社會無謂之階級，不謂之治世不可也。

雍乾泯除良賤之政

我國四民而外，在法律上不認其有人格者，古惟奴婢一種，與四民對稱良賤，歷代憫之，有許贖之法。明制惟縉紳家得畜奴婢，庶人家則訂有年限，稱僱工；然相承而未去者，尙有多種不齒於衆之階級：如成祖靖難之役，山西有不附見殺者，其子孫編爲樂籍；浙之紹興，亦有與樂籍同者，曰惰民；世宗元年，俱削除令其改業，與齊民同。於是江浙、福建之棚民，廣東之寮民，徽州之伴當，寧國之世僕，又廣東之蜑戶，蘇州之丐戶，臺灣之向化生番，俱先後豁除爲良。浙江之九姓漁戶，乾隆時亦一律豁除，且定改業後四世清白（娼優隸卒，謂之身家不清白）者，准報捐應試焉。

至於高宗，席富盛之業，以驕汰行之，主侈臣貪，紀綱始壞焉。

高宗御宇凡六十年，承國家豐實之餘，庫儲至七千八百萬兩。帝初政尚有爲，然嚴察不如世宗，精勤又不及聖祖，特提倡文學，粉飾昇平而已。（《清學術》別詳）初，康熙中，嘗南巡省視河防，帝以海內治平，南巡至六次，供帳苛擾，百姓苦之；又自是而喜諛（觀孫嘉淦疏可見），立其朝者，大抵便辟柔佞，無復謇諤之節；四十年以後，寵任和珅，超遷至大學士，招權好賄，積產數百兆，疆吏爭剝民以奉之，吏治大壞。川楚教匪，即因是以起（見下），高宗爲所蒙蔽，信任始終不衰焉。〔乾隆內治概觀〕

所恨者，聖祖以寬仁好學之君，

清聖祖少卽好學，耄而不勌，天象、地輿、曆算、樂律、兵農之政，下至射御、醫藥、外國文字，幾無一不通。曾國藩謂其："登極之後，勤學好問。儒臣逐日進講，寒暑不輟。三藩用兵，亦不停止，召見廷臣，輒與之往復討論。"又謂："順治之時，瘡痍初復，民志未定，故聖祖繼之以寬。"（皆應詔陳言摺中語）蓋世宗爲英主，聖祖則賢〔聖祖之精勤〕

主也。

　　乃任猜忌之小智，興文字之獄以立威，歷雍乾二朝而焰猶未息，斯則滿漢之見未能盡去故也。

文字獄　　聖祖雖有提倡學問之功，而實亦以此柔漢人之士氣；其箝制言論，束縛士類，無過於屢興文字之獄。今舉二例以著其酷：

　　一爲《明史》之獄。先是明朱國禎著《明史》，莊廷鑨得其遺稿而刊之，補崇禎朝事，凡涉清廷者，概施直筆。歸安令吳之榮發其事上聞，詔戮廷鑨尸，殺其弟廷鉞；序者、校對者、刻者、購者及前隱廷鑨罪者，俱坐死。凡株連七十餘人，婦女並給邊。

　　一爲《南山集》之獄。集爲桐城戴名世所著，多採其鄉《方孝標文集》及《滇越紀聞》，關涉清事。案發，名世寸磔，族皆棄市，未及冠笄者發邊，孝標剉尸，親屬皆論死，誅戮甚衆。

　　餘如雍正朝有試題之獄、論史之獄、文評之獄、注經之獄；乾隆朝有詩鈔之獄、字書之獄，其所染逮，皆極慘礉。

　　而政治上待遇之不平等，抑又其次焉者矣。

滿漢之界　　先是遼、金、元三朝，入主中國，待遇漢人，與本族已多不平等。清興，京朝官皆有滿漢缺。次官以下，滿缺尤多。八旗皆有官莊，衣租食稅，爲清世僕。漢人入官,但有貢舉、捐納二途。旗人則雖閒散宗室,亦給四品頂戴,非宗室者,翻譯、騎射之屬,亦可進身,故待遇絕優於漢人。又《大清律》於滿漢犯罪,科罰亦別。罪應笞杖者,宗室覺羅罰養贍銀,旗人鞭責;應徒流者,宗室覺羅板責圈禁,旗人枷號;死罪則宗室覺羅,皆賜自盡焉。(《大清律》沿襲《明律》無可述。)

第二十五章　清國際（上）

　　清之勃興，原以武力。

滿洲制勝之由　　昔清太宗訓其國人曰：“我國土卒，初有幾何，因嫻於騎射，所以野戰則克，攻城則取。天下稱我兵曰，立則不動搖，進則不回顧，威名震懾，莫與爭鋒。”（《清通典》引《太宗實錄》）蓋清之興也，國俗簡朴，與遼、金同。相傳太祖每有征伐，與諸貝勒適野而謀，畫地而議，上馬而傳令，兵機神速，其所向克捷，良由於此。又自太祖編八旗之制，通國皆兵，而不需兵費，其省事省財如是，而太祖、太宗，又皆雄桀之主，奄有中土，殆非偶然矣。

　　自聖祖以訖高宗，文治固優，而外拓亦盛。昔時所謂異域者，今乃或隸版圖，或奉職貢，故四履之盛，歷代自元而外，莫有倫比。

歷代治邊概論　　治邊之策，最上者同化之，其次羈縻使爲藩籬，最下者棄而弗守。秦得匈奴地，即置爲四十四縣，移民以實之，斯計之最善者。自後歷朝，疆宇

第二十五章　清國際（上）

伸蹙不一，固牟繫兵力，亦馭之有得失耳。蒙古入中夏，如人之攜產出嗣，國境驟廓於前。及元亡，產亦隨之以歸其宗。故明之北境，起臨洮，至遼東，殆與秦時同；長城以外，且不能如唐初之立都護府；內地開闢者，惟貴州一省。成祖得安南，宣宗時復淪棄之。惟朝鮮李氏受成祖册封，始終未叛耳。故明境惟西南稍擴於前代。北則稍稍擴於二宋，然猶不及漢唐，故邊事常爲劇患。清人入關，滿洲始隸中國，遼、金舊壤，隨國亡而去者，至是復歸於我。蒙準回藏，則次第用兵，採羈縻政策，以爲藩籬，內地之可同化者，則同化之（如苗疆之改土歸流）。於是清代版圖，舉周之肅愼，秦之東胡，漢之西域，隋唐之突厥、吐谷渾，唐之吐番，悉包悉幷，而稱臣奉貢之屬國，猶不計焉。故羈縻之外，又有羈縻，此治邊之善策也。　　　　　　　清代治邊

　　其本非我有，至清而平定者，則有蒙準之摧服：　　　　　　　　　　　　　　　　　　　　　蒙準之摧服

　　　　　　　　　　　　　　　　　　　　　　　　清代蒙準用兵表

蒙古四大部	征服始末	清室統治之法
漠南蒙古	自太宗征撫察哈爾，漠南蒙古悉已歸順	內蒙編四十九旗，統於札薩克（蒙古官）。設親王、郡王諸封爵如滿洲。其內屬之察哈爾、熱河，則設都統，綏遠城則設將軍

續　表

蒙古四大部		征服始末	清室統治之法
漠北蒙古（喀爾喀）		舊分土謝圖、車臣、札薩克圖三汗。初甚強，後喇嘛教傳入，浸衰弱。康熙時，準噶爾據其地，三汗來奔。準酋敗，清歸三汗於故地	世宗嘉札薩克圖部額駙策淩功，命其獨立，稱三音諾顏部。於是外蒙有四部。凡編八十六旗，統以札薩克，設汗王諸封爵，皆世襲。別設定邊左副將軍，以統治各部
漠西額魯特蒙古	準噶爾部（牧伊犂）	初分四部，康熙中，準部噶爾丹兼并之，結西藏，併青海，南摧回部，北逐喀爾喀而據其地。聖祖三度親征，準酋自殺。然伊犂猶爲兄子策妄阿拉布坦所據。策妄死，子噶爾丹策零復侵漠北，額駙策淩大破之。僅定阿爾泰山以東地。乾隆初，因杜爾伯特所屬輝特部阿睦撒納之降，始發兵平準部，天山北路大定	高宗廢準噶爾號，以其族附牧外蒙、青海，增輝特一部，與西套蒙古共編三十四旗，統於札薩克；亦受定邊左副將軍之統轄
	杜爾伯特部（牧額爾齊斯）		
	土爾扈特部（牧塔城）		
	和碩特部（牧烏魯木齊）		
青海蒙古		本屬西藏，和碩特部固始汗棄其故地而據有之。康熙時，嘗爲準噶爾所併。雍正初，固始汗之孫羅卜藏丹津據地叛，世宗命岳鐘琪討平之	青海編爲二十八旗，各置札薩克；而別設辦事大臣於西寧以統轄之

第二十五章　清國際（上）

西藏之經營，

西藏自唐以後，世崇佛法。元時有喇嘛八思巴，受封爲大寶法王，爲紅教之祖。明初有宗喀巴出，別立一宗，謂之黃教。宗喀巴遺命二大弟子達賴、班禪，世世以呼畢勒罕（轉世）濟度衆生，其教漸行於青海。明季俺答據漠南，復迎達賴三世往布教；其後化及漠北，於是自奉宗喀巴第三大弟子哲布尊丹巴後身居庫倫，而黃教大行。

初達賴、班禪，皆居前藏，以第巴（官名）掌政權。明末，第巴桑結，煽和碩特固始汗入藏，奪紅教徒所根據之後藏，而以班禪主之。及達賴五世卒，固始汗曾孫拉藏汗殺桑結，奏立伊西堅錯爲達賴六世。而青海諸蒙古，則又別立噶爾藏堅錯爲新達賴，居於西寧。未幾，準酋策妄阿拉布坦引兵陷拉薩，殺拉藏汗，執奏立之達賴而幽之。清聖祖派允䄉等擊退策妄軍，遂順藏人之欲，以兵扈噶爾藏堅錯入藏，爲達賴六世，藏局大定；因以拉藏汗舊臣，分掌兩藏政權。雍正初，設駐藏大臣於拉薩。乾隆中，又頒金奔巴瓶於西藏，凡達賴之繼立，掣籤以定之，因其俗以治其土，亦羈縻之道也。

回部之統一，

回部在天山南路，本元代察合台汗之領域。明時，其後裔復建喀什噶爾汗，俱奉回教，及明末而汗勢衰微，回教徒和卓木子孫遂代握政權。準部之強也，嘗因回部有黑山、白山之爭，引兵入喀什噶

211

爾，立白山宗爲汗，於是回部爲準酋所征服。及乾隆間，清兵定伊犁，回部大小和卓木（博羅尼都及霍集占）遂集所部共叛，高宗命兆惠等討之，三年而平。兩和卓木踰葱嶺而西，巴達克山酋殺之以獻，於是回部大定；乃於喀什噶爾置參贊大臣，而收其地入版圖。未幾，烏什（回部大都會之一，今新疆屬縣）聯阿富汗等國舉兵反，伊犁將軍明瑞討降之；乃更移參贊於烏什。是時，中國國威震乎葱嶺以西，浩罕、哈薩克、坎巨提、帕米爾，以及阿富汗、布哈爾諸國，咸遣使通貢，仰我國保護焉。

其舊爲藩國，至清初復以兵力服屬之者，則又有西南諸國之鎮定，此皆清之武事，犖犖可紀者也。

諸藩國之服屬

其一，緬甸。其地於明時即屬中國，乾隆十六年，始入貢於清，會其國爲木疏部長甕籍牙所據，木邦、桂家兩部不服，寄居滇邊，滇督吳達善誘殺桂酋。時緬甸已統一全部，遂以索木邦逸酋爲詞，舉兵犯邊。滇督屢易，皆失利。乾隆三十四年，經略傅恆始大創之，緬酋請和；迨大小金川平，遂入貢於我，帝因册爲緬甸國王，命十年一貢。

其二，暹羅。自明初受封，世貢金葉表。清乾隆時，其國都爲緬甸所破，華僑鄭昭舉兵復國，遂受推爲王。昭弟華繼立，遂受中國册封，十年一貢，如緬甸。

其三，安南。安南於明時分二國：北曰大越，

第二十五章　清國際（上）

屬黎氏；南曰廣南，屬阮氏。康熙初，大越受封爲安南國王。乾隆中，廣南王室爲土豪阮文岳等所顛覆，自據之，又引兵入大越。大越王黎維祁乞援於中國，清高宗使粵督孫士毅援之。士毅敗阮氏之衆於富良江，送維祁復其位；既而阮氏又襲敗士毅軍，維祁棄國逃。帝旋納阮氏之降，立阮光平爲安南王，而安置其故王於北京焉（參本書第二十七章）。

外此尚有四裔朝貢之國，載諸《會典》者，曰朝鮮（清未入關前內附），曰琉球（順治十一年內附），曰蘇祿（雍正四年始入貢），曰南掌（雍正八年始入貢），並以志之，見清代四訖之盛焉。（其《會典》所不載，而官書嘗紀其來貢者，又有廓爾喀、哲孟雄、坎巨提、浩罕、安集延、哈薩克及阿富汗、布哈爾諸國，不具志。）

　　我國地廣物博，無求於人，故漢唐以來，有外拓而無外交；然外人之欲有求於我者則甚切，故明之中葉，即有葡、英諸國之次第通商；

　　我國開化早而物產繁，於一切外人，但有懷柔，而無所羨冀，此爲古代無外交之要因；敵視、賤視云云，猶未切也。然外人多務制造，其以商立國者實繁，則必不能無求於我。自新航路發見後（當我明孝宗時），萄葡牙人始據印度臥亞，西班牙人始有斐律賓諸島。是時，華人商於南洋者浸多，如梁道明輩，往往闢草萊，長子孫，與外人漸相

海通遲遲之故

沿海互市溯原

習。於是葡人益東進，入中國海而至廣東。嘉靖四十二年，竟行賄粵吏，潛租澳門爲商埠。又久乃設官置戍，儼然領土矣。西班牙在南洋，以馬尼剌爲根據地，未入中國，然與華僑通商亦早。萬曆二十四年，荷蘭人始據南洋，頗奪其地，於爪哇建巴達維亞府，將攻澳門，葡人擊退之，始於天啟初進據臺灣，欲與我互市而未得（見扼於葡商）。英吉利既得印度爲根據地，萬曆中，進航蘇門答臘等處，與荷、葡相角逐。崇禎初，亦抵澳門求互市，葡人嫉之，粵吏亦堅拒，未得大逞焉。故明時沿海互市，以澳門爲惟一口岸，而葡人殆有獨占之權。

其季年，復有意大利諸國之傳敎。

<small>內地傳敎溯原</small>　　西洋宗敎，基督稱首；自馬丁‧路德改敎而有新舊（明武宗時），自羅曜拉創耶穌社，而舊敎流布日宏（明世宗時），我國所謂天主敎是也。耶穌社敎士首入中國者，推意大利人利瑪竇。萬曆九年，初布敎於廣東之肇慶，知我國崇儒，說難卽入，則以泰西科學交上流人士，漸得尊信，旋偕其友龐迪我（西班牙人）等，賫表獻方物於明廷。神宗異之，賜以第宅，建天主堂於京師，是爲西人正式傳敎之始。不數年，宮廷宦寺，達官貴人，歸者漸衆。氏益務譯著西書，其影響於學術者甚鉅（參第二十九章）。明之亡也，永曆太后（桂王之母）嘗賫書羅馬敎廷，托其庇佑，可徵明人信敎之篤矣。

第二十五章 清國際（上）

清興，傳教事業，至雍正而禁輟。

順治、康熙兩朝，教士之蒙寵遇無異明季。日耳曼人湯若望、比利時人南懷仁，皆服官京師，於科學有大貢獻。然是時傳教之士，深稔中土之國情，咸能就我所固有者，委曲緣會，期無扞格；我所不能者，彼亦不強。若祀孔拜天祭祖之類，入教者悉仍其舊。重以來華者類皆博學多能，易起敬信，故教門日盛。厥後教士中因國籍之異，漸其內訌。康熙之末，羅馬教王有不許教民崇拜祖先之敕書，於是大戾華人之心理，而民教雜居，衝突時有。聖祖亦漸不謂然，遂下令不許內地傳教。世宗初，更頒嚴禁傳教之令。在京教士，但掌曆象，不得他務；天主教堂，改置公所焉。（詳見《清朝全史》第三十八章）

〔清初之傳教事業〕

惟通商則海路而外，陸路更有許俄互市之約，實為清廷有外交之濫觴云。

清聖祖時，英吉利始得以商船出入澳門，然尚制於葡人，未能大振。康熙中年，兩國始得平等地位，各設商館於廣東（皆重賂得之）。荷蘭初據臺灣，旋為鄭成功所奪，遂據葡屬錫蘭，屢以兵艦助清軍攻鄭氏，厥後亦見許聖祖，有互市權。然諸國並無條約之規定，猶非正式之通商，特彼以禮請（奉表進貢），我姑應之而已，仍是懷柔遠人之見也。其訂約遣使，有外交之形式者，實自俄始。先是俄在蒙古盛時，屬欽察汗，後乃滅之而立國，明

〔清初之沿海互市〕

〔中外訂約通商自俄始〕

215

時拓地至西伯利亞。清興，其東部哥薩克人進侵黑龍江北岸，築雅克薩城，聖祖遣彭春毀其城，旋又爲所奪，乃介荷蘭使臣致書於俄，請定界疆。俄皇大彼得使其臣費要多羅，與清使臣索額圖定約於尼布楚。俄畏清兵勢，遂立約：以外興安嶺爲中俄國界，其西則以額爾古納河爲界；毀雅克薩城；行旅有文票者，准其貿易，是爲《尼布楚之約》，事在康熙二十八年。越三十年，俄遂駐使臣於北京（今北平）。然自由通商之事未獲實行。俄屢派貢使，求許通商。雍正六年，始復訂商約，以恰克圖爲兩國通商之地焉。（是時各國使臣覲見，猶必行跪拜禮，進呈表文。中俄貿易，且由理藩院典其事云。）

第二十六章　清政中衰

　　清至乾隆之世，武功炳盛，天下無事，寖有侈心。

　　專制國以人主爲中心，一人之敬肆，關繫國家至鉅。昔者聖祖尙寬，而世宗尙嚴，雖行政有疏密，而憂勤惕厲則同。高宗繼兩帝之烈，二十三年有準部之平，二十五年有回疆之平，三十四年有緬甸之平（並已見前），四十年有大小金川之平（兩金川皆土司，在四川西境金沙江上游，構衅擾邊，討之弗能克，旋和好，共東侵，勢益熾。高宗命將征之，用兵五年，費帑七千萬而始平），是爲武事之最著者。四十年以後，雖有安南、臺灣、廓爾喀諸役，非其比也。帝由是生其侈心，以庫儲豐裕，事事摹倣聖祖（如南巡，如普免錢漕）；和珅柄用，亦右是時。至自號古希天子、十全老人，則志得意滿可想矣。 高宗之崇極而圮

　　於是財政困難，吏治敗壞；

　　高宗卽位之初，庫項不過二千四百萬兩；七千 乾隆會計與吏治

餘萬之增，乃在四十六年之後（見大學士阿桂疏），則富力之增進可見。帝見庫儲充實，乃爲非常之舉，令各省綠營武職，從前以名糧自給者，今悉改給養廉；而所扣兵餉（即名糧），則悉數挑補實額，於是一度增兵六萬，歲增餉二百萬兩，旣成額支，久乃漸絀。（清代論者舉以此事爲財政盈絀之關鍵。）清制：外官統於督撫，守令之優劣繫焉；而督撫優劣，又視軍機。和珅在軍機，兼管吏、戶、刑三部事務。外省督撫，徧樹私人，責其報效；督撫則責守令以朘奪，由是海內守令，貪酷者十人而九。（伍拉納爲閩督，至有倒懸縣令勒索賄賂事。）

其末年遂有川楚敎匪之變。

貪吏召亂　　和珅當國二十年，百姓困於苛斂，乃相聚爲羣盜。其始劉之協等，倡白蓮邪敎於川、陝、湖北，惑衆斂財而已。迨官吏發兵捕治，之協逸去，朝命大索。於是地方官敲詐萬端，株及無罪，良民乃不得不從賊。又雲貴、廣西，本有羣苗，清初累攻殺漢民。世宗時，鄂爾泰倡改土歸流議，經營五年而始向順。乾隆時，古州（今貴州榕江縣）又有苗疆之叛；命張廣泗經略七省，始討平之。至是湘黔間紅苗又起，派及數省，征斂無藝，民之從邪敎者遂益衆。和珅性貪黷，重索賂於領兵大臣。領兵大臣本畏賊勢，則亦恃其蒙庇，虛冒戰功，坐糜軍餉。於是終乾隆之世，賊勢蔓延而難制。

第二十六章　清政中衰

嘉道之內亂

仁、宣之朝，內變益滋。

嘉道內亂表：

項別	由來	變亂最烈情形	剿滅情形
川楚教匪	官逼民反（詳見上文）	乾隆六十年，延及五省（川、楚、豫、陝、甘），師久無功	嘉慶四年，誅和珅，正將領之罪。別用額勒登保、楊遇春等爲將，用堅壁清野之策，止客民，練鄉勇，至七年始告肅清，然前後用兵亙九載，費帑已二萬萬矣
艇盜之亂	初，安南以財用不足，陰遣兵船劫略海上，土寇皆附之。及阮福映爲王，禁絕海盜，於是盜無所歸，一閩粵二股，爲患沿海	閩盜蔡牽尤橫暴，自號鎮江王。劫略商貨	浙撫阮元奏使提督李長庚剿之，旋中礮死。元更奏使長庚部將邱良功、王得祿共嗣其任，遂殲牽於定海。在粵之盜亦爲總督百齡所擊平
天理教匪	亦名八卦教，以河南李文成、河北林清爲之魁。林清內結太監劉金，外約文成，期嘉慶十八年九月十五日午時舉事。滑縣令强克捷知之，先期捕文成於獄	賊衆破獄出文成，克捷被戕。衆聚道口鎮。林清及期，乘仁宗秋獮木蘭，潛入大內	那彥成、楊芳等敗李文成於白土崗，文成自焚死。其入大內者，皇次子旻寧（卽宣宗）與王大臣等以禁兵擊敗之，斬林清

219

續　表

項別	由來	變亂最烈情形	剿滅情形
重定回疆	道光初，喀什噶爾參贊斌靜，以荒淫失回衆心。有張格爾者，大和卓木之孫，居浩罕，因民之怨，舉兵寇邊	張格爾據喀什噶爾，南路八城相繼陷	長齡與楊遇春、楊、芳等自哈密會兵進剿大破之。楊芳計擒張格爾。浩罕尋爲布哈爾所滅，患始暫息

蓋是時也，清政尤衰於乾隆之世。凡內治之積弛，

清政之一積弊　　清代政治，有積弊二：一曰制祿太儉，二曰文法太密。祿儉則仰事俯畜，不足自給，其弊也貪；法密則小過微眚，動干吏議，其弊也廢。世宗雖有養廉之設，然外官有之，內官則無；即外官亦因種種賠墊（一攤扣無著虧空，二攤捐無名公費，三墊解未清正項），以致養廉有名無實，於是官吏不得不多取以自肥。而文法之密，尤足使豪傑短氣，徒使庸人藉爲藏身之固，而胥吏恃爲牟利之符。坐是種種，清政乃呈委痺不振之狀。嘉、道諸內變，其內治不振之徵象耶？仁宗罪己之詔，於天理敎匪之變，歸因於臣下之因循疲玩，此知本之言也。

財用之不足，

中葉以降之國計　　乾隆增兵，影響財用已甚巨，嘉慶初年，更有諸內變之剿滅，於是帑藏益絀於昔。嘉慶十九年，內庫存銀僅千二百四十萬兩。仁、宣兩朝，皆有減兵之舉，然所增者六萬，所裁減者，兩次僅一萬六

捐例與釐金

第二十六章　清政中衰

千,於財用節省有限。於是嘉慶末年,有開捐例之舉,道府州縣,莫不可以錢致,竭資補吏而取贏於官,名曰不加賦,其實虐民視加賦爲尤甚。至於冗官之可裁(馮桂芬有《裁冗員議》,甚可參考,見《顯志堂集》),河運之可廢,與旗丁之可以移墾,則莫有言之者焉。故清末財政,純爲補苴一時之策。迨咸豐軍興,創抽釐金,其病商病民,至今爲梗,更不待言矣。

兵伍之不精,殆皆已臻乎其極;而兵伍不精,尤爲滿漢消長之關鍵。昔之旗兵,變爲國蠹。

清初八旗之兵,號爲從龍勁旅,自入關以至乾隆之際,國家有大征伐,鮮藉綠營之力,而餉糈之優,尤倍綠營。聖祖以度支充裕,嘗發公帑五百四十餘萬代清積逋,各旗又設立官庫以濟匱乏,恩養甚至;然遇之太厚,轉流惰廢。又承平日久,人耽安逸,京旗駐防,遂皆變爲有名無實。至清書騎射,雖在清初懸爲令甲,而中葉以降,乃成絕學。滿人衣租食稅,舍當兵作官外無職業。平居則不能生產,爲政則一事不知,故嘉、道以降,不惟無可用之旗兵,抑且鮮可用之滿人。世宗時,雖有移屯東三省之議,然訖未見施行,生計困難,徒爲國蠹而已。 　旗兵武力之銷失

　滿洲人才之漸乏

綠營雖無大用,而鄉勇之績浸著,漢人之將兵者,至是乃得少顯於時焉。

綠營自始即視爲無足輕重之兵,乾隆時雖有增

綠營之弊與鄉勇之興

加,實無補軍政之毫末,而積年坐食,不見大敵,於是將卒益流於驕惰。川楚教匪之亂,綠營將帥皆恇怯不前,迨賊去既遠,兵乃掩取流離道路之良民以爲功,號曰大捷。故民之畏兵,甚於畏賊(嘉慶朝奏議時有此等語)。鄉勇者,羅思舉、傅鼐諸人所將。蓋官軍額少力疲,調遠省之兵又不易,故有練鄉勇之舉,川楚之變,資以集事焉。鄉勇之優點甚多,急身家之難,熟夷險之勢,此皆綠營所不及,而又乘方新之氣,故能代之而興。

二楊

楊遇春、楊芳,於嘉、道諸內變戰功尤著,漢人之封侯者,先乎二楊,無幾人焉。然是時統兵大員,猶爲滿人(如額勒登保、那彥成等),迨咸、同之交,湘軍諸帥,則又以漢人專閫外之寄矣(見第二十八章)。

第二十七章　清國際（下）

我國外交之失敗，自清季始。

清季外交，不過數大役，而條約所定，在在皆與今日生因果關係，凡割地、奪藩、賠款、租界、租借地、內地傳教、稅則協定、領事裁判、勢力範圍，種種文明國外交所希有之事實，皆自清末種其禍因。其故由於城下結盟，無力拒人者半；由於當局苟且息事，不明定約之利害者又半；而外交無人才，則其總因也。然閉關既久，初與外人相見，欲因應適當亦良難。而虛驕之習至是而破，是轉有益也。此章所述，重在曲盡情事，不加論列，讀者自得之可耳。

<small>不平等條約自清季始</small>

<small>外交失敗之原因及價值</small>

先是乾隆以後，英商以鴉片入口者日多。

英既設商館於廣東，深以科稅之重爲苦，嘗再遣使入華求減免，俱不得請而去，於是有以兵力保護僑商之動議。鴉片煙者，自唐時已入中國（由大食人輸入），然惟醫藥用之。至明乃有吸之成癮者，民始被其毒。迨清乾隆四十六年，英之印度商會得

<small>英商以鴉片禍華</small>

223

對華貿易獨佔權；而印度孟加拉，又爲鴉片產地，於是輸入益多，至歲入四千餘箱。政府知其害未有以絕之也。

自林則徐赴粵查禁焚其鴉片，於是有中英之役。

林則徐

道光中，林則徐上言："煙不禁絕，國日貧，民日弱。數十年後，非惟無可籌之餉，抑且無可練之兵。"宣宗以則徐爲欽差大臣，赴粵查禁。則徐至粵，飭英商呈繳鴉片，脅以兵力，於是焚印土二零二六三箱於虎門海岸；又布告各國：凡商船入口，皆須具結，如夾帶鴉片，船貨入官，人卽正法。諸國俱如約。惟英領事義律不可；既而請刪正法一語，餘均如約。則徐堅不少讓，且宣布絕其互市。英人遂以海陸軍攻澳門，而粵防堅密不得逞，乃緣海北犯廈門，遂陷定海，進指天津。於是朝議中變，削則徐職，戍伊犁，命琦善爲粵督，與英議和。

中英鴉片之役
（國威初挫）

而疆臣憚外，卒定和約焉，海禁之開自此始也。

琦善抵粵，則盡反則徐所爲，戰備全撤。義律易之，索償煙價甚奢，且進兵陷虎門礮臺。琦善乃許於償銀外，兼割香港。英始繳還礮。朝廷聞英進兵，大怒，奪琦善職，以奕山赴粵進討。奕山攻英人不克，與定休戰約，先償軍費。英將璞鼎查更北

224

第二十七章　清國際（下）

陷定海，清再遣奕經禦之，復大敗。英人遂去浙，入長江，遂陷鎮江，逼江寧。於是朝廷不得已，以耆英伊里布爲全權大臣，赴江寧議和，一切惟英所索，並不議及禁煙事，時道光二十二年也。其重要條款如下：

《江寧條約》

（1）償煙價六百萬元，商欠三百萬元，軍費千二百萬元。

（2）割香港予英（旣又定舟山列島永不割讓於他國之約，是爲勢力範圍之始）。

（3）開廣州、廈門、福州、寧波、上海五口爲商埠，各置領事（尋定約由地方官指定區域，此租界之始）。

（4）合約關稅則例（尋定約每百抽五）。

（5）中英交際儀式，一切平等（旋又定約不許稱歐羅巴爲蠻夷）。

此約訂後，法、美二國亦援例與我結約通商，是爲海禁大開之始（亦不平等條約之始）。

其餘流所演，復有英法聯軍之役，及天津、北京兩約之締結。

五口通商之約旣成，四口皆建有領事館，惟粵人銜英甚，合詞訴於粵督，毋令英人入廣州城，且列鄉團於粵河兩岸以懼之。英領恐妨商務，遂貽書粵督，願重訂約，不復入城，時道光二十九年也。文宗咸豐初，葉名琛以巡撫遷粵督。名琛自負甚高，馭外人尤嚴，然不識外交術，但易視之而已。

葉名琛

225

英法聯軍之役。天津及北京二條約（江寧條約之餘波）

六年秋，有華船張英旗，裝載逸匪十三人，粵水師入船捕之，偶拔其旗。領事巴夏禮遽下宣戰書，名琛不置答；遂陷廣州，旋以兵少退歸軍艦。粵民恥焉，焚英法美各商館，延及洋行十三家。巴夏禮馳書本國請戰。適廣西又有戕法教士案，於是英法聯盟對我（美以船從，而不助戰）。明年，聯軍陷廣州，名琛被執死。印度艦隊北上，大，沽旋陷。政府不得已，遣大學士桂良議約天津，是爲咸豐八年事。其十年，又因換約衝突，進陷京師。乃更以俄使之調停，更訂《北京條約》焉。其要項如左：

（1）增開天津、漢口、九江諸埠，割九龍半島予英。

（2）賠償英法軍費各八百萬兩。

（3）準內地傳教（雍正禁令至是解），內地遊歷，內河航行。

（4）兩方各派遣公使英法領事有審理僑尼訟案之權

俄羅斯亦以調停之故，脅定《北京條約》，收漁人之利焉。

巧取豪奪之俄羅斯

先是咸豐五年，俄乘中國多事，置東海濱省於黑龍江左岸。未幾，遂遣木喇福岳福爲大使，率隊下黑龍江，要我更訂界約。咸豐六年，清廷遂命奕山與訂條約於愛琿：我以黑龍江爲北界。由烏蘇里江至海，爲二國共有地，而俄始於諸江有航行權。英法天津約成，俄援例另訂專約：於陸路通商外，

第二十七章 清國際（下）

並準在上海等五口及臺灣瓊州二處通商置領。旋以英法北犯，俄公使助成和議，更索厚酬，續訂條約，舉烏蘇里江以東濱海之地，悉讓於俄。都計兩約所損失，東西四千餘里，南北二千餘里（俄以吉林舊壤置東海濱省，以黑龍江舊壤置阿穆爾省），其巧於攫地，率類此也。其後同治中，西域有回亂。（別詳）俄乘亂據伊犁，事平猶不歸。光緒五年，命崇厚使俄，定約償銀至巨，且須割地易之。我別命曾紀澤往，與俄廷力爭，始得重訂條約：俄以伊犁及其南境歸我，我償俄盧布九百萬焉。清季外交之可稱述者，惟此而已。（然霍爾果斯西三萬二千方里之地，遂入於俄，俄以其地隸七河省。）

崇厚與曾紀澤

　　清末外侮紛紜，多年藩屬，亦次第為人有，其禍蓋始於法人之圖越南：

　　阮光平得國後，其子孫又為舊阮之裔阮福映所滅，改號越南，清廷亦從而冊封之，是為嘉慶九年事。福映得國，頗資法人力，曾許以化南島酬法；既而背之，待法人亦殊薄。福映卒後，歷三世，皆務仇法，虐殺其教士。咸豐九年，法與西班牙聯軍攻之，陷西貢，遂割其地以和。光緒二年，又迫越南訂約，明言越南王有自主權，惟法遇事當加輔助；又許法人以航行紅河權。然越南之朝貢於我如故也。

法人圖越南

　　競脅與訂約，割其東京，以越南為法之保護國。

既而法人藉名保商，駐兵河內海防等處，規取東京。越南王遣使來告急，清廷飭滇桂軍赴援；比至，而東京已失，頗觀望。惟黑旗軍大憤，進與法戰。黑旗軍者，太平餘黨劉永福在越南所領之軍也。軍絕驍悍，滇督岑毓英以軍火助之，大破法兵於河內。法將利威爾旋戰沒，孤拔代之。已而法援軍大至，攻陷越南都城順化，進規諒山，援軍及黑旗軍俱退守北寧。於是越南王遂割東京與法和，簽約爲法之保護國。

法越新約

　　我仗義援越，迭挫法軍，徒以不悉外情，輕棄南藩，惜哉！

　　新約既定，政府大恚，遣岑毓英出兵諒山，與黑旗軍共逐法人，師失利。李鴻章遂與法使定約於天津，約我軍退出諒山，認法越諸約有效。法不索兵費，於滇粵桂有通商權。而我諒山守兵未知津約，及法人收諒山，竟擊敗之。法責我背約，且求償巨款。政府拒之，議未決，而孤拔爲岑毓英所敗，乃引海軍寇馬江，統帥張佩綸逃，孤拔亦中礟死。其法軍在越南者，又闖入鎮南關。提督馮子材奮擊之，追至諒山，殲滅殆盡；將乘勝進攻北寧，疏言願以一年復越南。公使曾紀澤又電告法廷財困氣餒、內閣將倒諸實狀。而我政府不知有諒山之捷，遽與法議和。法人以不索兵費爲讓步，政府遽尤之，與鴻章前約無異，由是越南遂爲法有，時光緒十一年也。

諒山之役

越事當局之舛戾

第二十七章　清國際（下）

緬甸亦我朝貢國，而見逼於英，英竟滅之。

緬甸在明時卽爲我藩屬。清道光初，其西境與英屬孟加拉部互爭界線。英軍直逼阿瓦，取其阿蠟乾地。時兩造舉未白我，我亦未之間也。咸豐二年，緬甸以重稅課英商，遂啟釁於英，失南部海岸地。法取越南之年，緬王復與英宣戰，大敗而降。英遂分緬甸爲上下部，置總督府於仰光。我政府抗議，英以代納緬貢爲解，事竟寢。

緬甸之棄

我自是遂與英接界，其經濟之侵略，及於滇桂矣。

光緒十七年，駐英公使薛福成始與英定約：允英在蠻允，我在仰光，各設領事，孟連、江洪兩處，我允不割與他國；伊洛瓦底江中，英許我有自由航行權。明年，奕劻定中法界約，以江洪界法，越南鐵路接至滇境。英人責我背約。光緒二十年，又與英定約，開騰越、梧州、三水諸埠，亦許緬甸鐵路展築至雲南焉。

英之經濟侵略與滇桂

暹羅雖介在緬越之間，幸而獲存；然亦遂脫我國而自立焉。

英勢旣熾，暹羅之南，如新嘉坡、檳榔嶼諸島，亦次第爲其所據。迨英旣滅緬甸，又於暹之北境，扼湄公河上游以通雲南。法人亦以湄公河東地舊隸越南，藉詞迫讓。暹羅不得已，許之。英恐妨滇緬交通，遂與法協議，共認湄公河上流爲中立

暹羅之脫藩

229

地，兩國誓不侵占，於是暹羅因均勢而獲存，然自是遂不來庭矣。

日本向不與清通。明治維新以後，乃屢干涉朝鮮事。

<small>日併琉球及朝鮮之干涉</small>

日本於咸豐時乘中國內亂，滅琉球，建爲沖繩縣，遂進圖朝鮮。朝鮮於我，世極恭順。同治二年，國王李熙立，年幼，大院君李昰應當國，排外仇教，先後開釁法、美、日三國。法美以詰清廷，清憚與交涉，答以向不與其內政，和戰聽彼自爲。日本聞之，遂與定約，申明朝鮮爲獨立自主國。既而李熙親政，后族閔氏隱執朝權，大院君不能平，遂於光緒八年攻閔族，並帥變兵以襲日使館。日本興師問罪，我遣提督吳長慶，將兵入朝鮮，執大院君，尋放歸。自是二國俱駐師朝鮮。是時，朝鮮分事大及獨立二黨，不相能。明年，獨立黨金玉均引日兵入王宮，殺閔族貴官，國王奔我軍。我委員袁世凱因其請，與吳長慶等代定其亂。明年，日使伊藤博文至天津，與李鴻章共定約，各撤駐朝鮮兵，並約嗣後派兵，必互相照會，時光緒十二年也。

嗣以東學黨之亂，與我議不諧，竟起中日之戰。

<small>中東之役（國威再挫）</small>

光緒二十年，朝鮮東學黨作亂，國王來乞援。日本聞之，急遣兵入境，水陸並發。

及我派葉志超赴牙山，東學黨已潰散。日本不撤兵，要我共改革朝鮮內政。清政府以朝鮮已依約爲自主國，峻拒之，議久未決。日本突擁大院君執國政，又攻我軍於牙山，戰端遂開。是時，我國海軍初創，李鴻章知其不可用，方倚英俄調停，未設備。及牙山師敗，葉志超退保平壤，鴻章乃檄左寶貴、衛汝貴等援之。日軍陷平壤，左寶貴力戰死之。於是朝鮮無我軍。日軍渡鴨綠江，進犯遼東諸城，督師宋慶退守摩天嶺；而同時日本海軍，復駛入黃海，擊我艦隊於大東溝。管帶鄧世昌督艦猛攻，而諸將無鬥志，海軍亦敗，世昌死之。海軍提督丁汝昌率餘艦退回劉公島，不敢出。日軍水陸夾擊，汝昌自殺，所部悉降日，於是旅、大、牛莊、威海衛諸港悉失守，關內外大震。

覆我海軍又迫我訂馬關之約。

光緒二十一年，美國出任調停議和之事，我遣李鴻章爲全權大臣，與日本伊藤博文訂約於馬關，其要點如下：

《馬關條約》

（1）以朝鮮爲自主國。

（2）償兵費二百兆兩。

（3）割遼東半島及臺灣、澎湖予日。

（4）開沙市、重慶、蘇州、杭州、長沙爲商埠。

（按此約爲俄日勢力第一次之更替。）

既而俄人嫉日，聯德、法二國，脅日本還我遼東，於是我又增付賠款三千萬兩。臺灣人聞地歸日

臺灣之棄

本，皇駭不知所爲，請收回成命，不報。乃舉巡撫唐景崧爲總統，總兵劉永福主軍政，謀自主。未幾，舊撫標兵變，景崧出走，永福與戰，卒不敵，均內渡。臺灣遂歸日本。

自是之後，俄、德、英、法諸國，次第據我名港，謂之租借，而門戶始洞開矣。

名港之租借　　俄以脅還遼東功，索酬於我。清政府不能拒，遣李鴻章使俄，與訂密約，以東省開礦及築路權畀俄，且得租膠州灣爲軍港。時德已遣教士傳教於內地，光緒二十四年，遂藉口鉅野二教士被戕案，強租膠州灣，以九十九年爲期，獲膠濟等路建築權及沿線採礦權。俄失膠澳，則於同時強租旅順、大連，期二十五年。英無可索酬，亦與法藉口均勢，先後租我威海衛（英）、廣州灣（法）。英並拓其九龍之舊界，而皆以九十九年爲期焉。（澳門亦於十三年立約永讓。）

迨光緒之末，英人又大伸其勢力於西藏。我與訂約，屢損主權，豈眞弱國無外交哉，亦無外交人才之故而已。

印藏之交涉　　清咸豐七年，英始有印度政權，於是巴達克山、帕米爾、坎巨提，次第入英之勢力範圍。中印之間，僅有廓爾喀、哲孟雄、不丹三部爲屏障。光緒十五年，英以哲孟雄爲保護國，中國承認之，於是印藏間始有交涉。十九年，許英開亞東爲商埠，

第二十七章　清國際（下）

而藏人不欲，迄未實行。是時，俄亦謀藏，達賴爲所惑，頗親俄。三十一年，英乘俄困於東方，引兵入拉薩，達賴大敗，奔西寧，於是印藏有春碑之約：除開放亞東外，更開江孜、噶大克爲商埠；償英軍費五十萬鎊；英人在藏，有干涉內政及一切優越權。清外部以藏約蔑我主權太甚，飭駐藏大臣有泰勿簽字。三十二年，更訂藏印續約，而以原約爲附約。所改定者，英承認西藏爲中國領土，惟英有其勢力範圍，兵費由我認償。英乃撤兵至滇緬境界。自光緒二十年後，與英會勘二次，然止定北緯三十五度以北，其南則暫作懸案。宣統二年，英兵入片馬。此案今猶未決。而其西邁立開江、恩梅開江間之江心坡，皆我屬地，英人佔據之，則片馬更無論矣。望我界務委員努力交涉收回也。

第二十八章　晚清失政

　　清自中葉以後，國威屢挫，人心動搖。

道咸政象　　五口通商以後，我國外強中乾之眞象，完全揭露，外侮沓至，此其總因。而以累世承平之故，上下昏逸，文酣武嬉，競以不負責任爲事。又其甚者，以畏葸爲愼，以柔靡爲恭（曾國藩語），於是吏治敗壞，民心思亂，而外交新挫，對內亦失其制馭之力。八旗駐防兵腐敗，無可復用；綠營素非國之所任，蒐閱僅以飾觀而已，則一旦有變，危可知也。（嘉、道鄉勇事平卽裁。）

　　於是咸、同之間，內訌紛作，有粵捻回之變。

第二十八章　晚清失政

咸同之內訌

內訌表

咸同內訌表

名別	首領	原因	根據地	勢力最盛情形	亂事起訖
粵	洪秀全	秀全信基督教，與楊秀清等布教於廣西。廣西大饑，羣盜紛起。百姓結團練自衞，與教民不相能，互相仇殺，秀全遂起於桂平縣之金田村	自廣西北定江楚，遂據金陵爲天京	秀全自稱天帝次子，建號太平天國，稱天王，蓄髮易服，略有制度。其勢力：西及川、漢，北及燕、晉，東南及於浙、閩。其將石達開、陳玉成、李秀成，皆驍勇，前後擾及十六省，屠城六百餘	秀全起於道光三十年。咸豐三年，入金陵。厥後清用曾國藩，以湘軍東下，迭復名城。秀全又內訌，勢始挫。同治三年，曾國荃遂克金陵，秀全仰藥死。蘇杭亦爲李鴻章、左宗棠所復，事始平。前後凡十五年
捻	張洛行	捻起於山東，以明火行劫，捻紙然膏得名。其後延及冀豫皖諸省。太平旣起，捻遂應之	初以雉河集爲老巢，洛行爲僧格林沁擊斬後，其從子雨竄入山東	張中雨入魯後，詔曾國藩視師徐州。國藩練馬隊，倡圈制之法，築長牆以扼運河。同治五年，賊撲河隄，官軍大破之。於是中雨入秦爲西捻，任柱、賴文光竄山東爲東捻。是時太平餘黨加入，勢益蔓延	洛行起於咸豐五年，分竄東西。後國藩薦李鴻章、左宗棠代己。鴻章遂平東捻，捻入河北，鴻章與宗棠合圍破斬之，於是捻平，時同治七年也

235

續表

名別	首領	原因	根據地	勢力最盛情形	亂事起訖
回 滇回	杜文秀	以宗教不同，與漢人雜居，積不相能。官吏不能持平，人益迫變又苟且招撫，回燄益張，故乘粵、捻而起	文秀據大理，挾巡撫徐之銘爲傀儡	屢戕疆臣，新簡者皆不敢蒞任	文秀起於咸豐五年。其後岑毓英以平匪功，爲布政使，結會馬如龍，擢爲總兵，所向有功，十一年，遂平大理
陝甘回	陝白彥虎、甘馬化龍	與上同。先是回民竄伏滇南，漢郵起事，甘回亦叛應之	陝回以董志原爲老巢，甘回以金積堡爲老巢（兩地均在甘肅）	戕團練大臣張芾，困州，犯西安。滇匪自助多隆阿戰沒，勢甚熾。甘省回族繁，所在梦起	同治元年起事。六年，左宗棠受命西征，先平陝西，次入甘肅，誅馬化龍父子。同治十二年，關內肅清，白彥虎出關

236

第二十八章　晚清失政

續　表

名別	首領	原因	根據地	勢力最盛情形	亂事起訖
回 新疆回	夏帕	仍因同上。初陝回之變，西域回妥明據烏魯齊。同時帕夏亦據喀什噶爾。妥明旋死，帕夏悉取妥所據地	主同上。初陝回之變，西域回妥明據烏魯木齊叛。同時帕夏亦據喀什噶爾，盡有南八城。	喀什噶爾	時甘回白彥虎歸帕夏，俄乘亂據伊犁，亦陰助以兵。朝議主棄南路，封帕夏，英俄亦爲之請，勢炎炎。惟左宗棠不謂可	帕夏於同治六年逞兵。光緒元年，朝廷任左宗棠。宗棠命劉錦棠等進兵南北路。光緒四年，新疆平定。八年，劉錦棠遂奏建行省

是時穆宗在位，孝欽後已執權，知滿人不可用，倚任湘軍諸將，遂致中興之業，一時朝廷頗有朝氣。

咸豐十一年，清文宗崩於熱河。穆宗立，年幼，文宗后鈕古祿氏及穆宗生母那拉氏同聽政，卽孝貞后與孝欽后是也。孝貞性柔懦，孝欽則機警有智數。初粵難之起，旗兵腐敗不堪用，旗員如賽尙阿等，皆恇怯不勝任，於是始用漢人爲將，而曾國藩以湘軍顯。穆宗初立，后卽命國藩統江、皖、贛、浙四省軍務，責成旣專，於是三數年而粵難以平。湘軍本非經制兵，故亦謂湘勇，一時湘勇名滿

同治中興與湘、淮軍

天下。迨太平既滅，國藩以爲湘軍已有暮氣，舉李鴻章以自代。鴻章所將稱淮軍，編制同湘軍，而兼用西洋火器；平蘇松，平捻亂，皆其力也。是時，用人行政，頗能破滿漢成見，遂致中興，而朝野亦漸重洋務。中興諸將，知外人戰具精利，咸以派遣青年出洋留學爲先務。朝廷亦設同文館、廣方言館，以教外國語言文字；海陸軍備，及路航郵電諸政，亦次第舉辦，一時粗有圖新之象焉。（曾國藩之講求洋務，以制器、學技、操兵三事爲要務，見薛福成所擬奏稿中。）

洋務之漸重

迨德宗嗣統，內亂粗平，政治乃窳敗。

同治十三年，穆宗崩。孝欽貪立幼君，以文宗弟醇王奕譞之子爲帝，是爲德宗，甫四歲，兩后再垂簾。未幾，亂事漸平定，孝欽始怠豫。光緒六年，孝貞后崩，后益無所忌。於是罷恭王奕訢，以奕譞代，移海軍經費，大治頤和園，服御奢侈，政以賄成，吏治大壞。李蓮英者，以內監爲內務府總管，后實寵任之，驕蹇不法，公卿低首。光緒十六年，德宗親政，后仍隱握大權不少假。宮中府中，皆后私人，所以束縛德宗者綦嚴。

孝欽亂政

德宗怵於外患，嘗銳行新政，以圖富強。

德宗變法之一瞥

德宗性英明，自甲午戰後，國威累挫，慨然有發憤自強之志，而舉朝無可與謀，於時士大夫爭言變法。工部主事康有爲，嘗於馬關議和後上書言時務，累萬餘言。光緒二十四年，帝召見有爲，奏對

第二十八章　晚清失政

大稱旨。德宗深以無權自餒，有爲則薦引新黨。譚嗣同等，皆特簡參預機務，謀改革。於是下詔，改試士之法；許士民上書言事；各省府廳州縣皆立學堂；工商業有自出新意者，特予保獎；汰冗官，簡兵額。期月之間，新政迭布焉。

后則誅新黨而幽德宗，於是有戊戌之政變；

時舊黨盈朝，大不悅帝所爲；而新黨亦以孝欽持權，不利改革，於是說袁世凱以兵諫后，請勿預政。袁世凱告變。八月初六日，孝欽后忽自頤和園還宮，急捕德宗黨；康有爲、梁啟超亡走海外，譚嗣同、楊銳、劉光第、林旭、楊深秀及有爲弟廣仁，俱捕斬於市，餘謫戍禁革有差。除新政，幽帝於瀛臺，謂帝有疾，徵醫於天下焉。戊戌政變

又惑於邪說，闇於治體，欲藉義和團以盡逐外人，

孝欽后久懷廢立之志；光緒二十五年，遂立端王載漪之子溥儁爲大阿哥，以嗣穆宗，於是端王始與政，惡外力偪人，恆持仇外主義。時白蓮遺孽義和團，創爲扶清滅洋之說，日與無賴習邪術，謂可禦槍礮。魯撫毓賢言於朝，端王及諸親貴皆崇信之。始起於山東，後乃蔓延畿甸，所至燬教堂，戕教士，鐵路電線多被毀。董福祥又以甘軍入京，與之合。二十六年夏，各國使館咸集兵自衛。端王及莊王載勳則迫后降諭，攻使館，令各省殺外人。德使克林德及日本書記生杉山彬，皆爲義和團所害。扶清滅洋（排外心理之表徵）

以致聯軍入京，兩宮奔陝，有庚子之約。

詔至京外，江督劉坤一、鄂督張之洞、粵督李鴻章等，不奉亂命，與領事團立東南互保之約，戰禍賴稍殺。而英、俄、法、德、奧、意、美、日八國聯軍，已齊集大沽，以德將瓦德西爲帥，是年七月，遂陷京師。孝欽后及德宗，於城破前走宣化，未幾，西奔西安。聯軍更西陷保定，東陷山海關，占領關以內鐵路。是時，李鴻章已奉命爲直督。旋授奕劻及鴻章爲全權大臣，與八國開和議於北京。明年，和約成。其內容大要如下：

（1）遣專使至德、日謝罪。

（2）停仇教地方考試五年。

（3）償兵費四百五十兆（按此爲空前之巨額）。

（4）毀大沽礮臺及天津城，拓京城各使館界。

（5）改傳教章程及入覲禮節。

（6）改總理各國事務衙門爲外務部，班六部上（總理衙門自咸豐十年設立，至是改部）。

（7）追罪首禍諸臣。

於是兩宮自西安回，旋廢大阿哥溥儁焉。

其餘波未息，乃竟釀成日俄戰爭。

庚子之變，俄人據關東，脅盛京將軍增祺，與定約，陰聽俄節制。和議既成，聯軍交還天津，及關內鐵路。俄則藉口與中國有特別關係，獨遷延不肯去。日本當甲午戰後，以還遼之舉，頗怨俄。俄亦與法同盟，以相抵制。至是日本促俄撤遼東成

第二十八章　晚清失政

兵。俄則陽與開議，而陰修戰備。日本見事機危迫，遂開戰，敗俄兵於旅順，時光緒二十九年也。　　日俄戰事之起

　　兩虎鬭於域中，我不敢致一詞；厥後俄勢雖挫，而日在關東，橫暴尤甚，一切交涉，倍形棘手矣。

　　日俄交戰於中韓境內，韓人受侮旣久，不敢阻止。我政府屈於外力，亦不敢爭，但宣告局外中立。俄兵旣不得出旅順口，尋失奉天（今遼寧）；其波羅的艦隊在對馬島者，亦被殲。光緒三十一年，由美人之調和，訂朴資茅斯條約：俄認日本在韓，有政治、軍事、經濟上之優越權，而割庫頁島南半於日本；旅順、大連灣之租借權亦爲日有。自是南滿、北滿，日俄分事經營。而日本尤暴，同時訂《中日滿洲善後協約》：我許日本與我合資修築安瀋鐵路，且有鴨綠江採木權；開鳳凰城、長春、齊齊哈爾等十餘埠，與日互市。宣統元年，又迫我訂約，許日人行撫順、煙臺採礦權，及新法、昌洮各線之建築權；又恐他國破壞，則於二年定《日俄協約》，訂明滿洲現狀，儻被迫害，必共謀對付之。是歲，韓國遂爲日本所倂。　　朴資茅斯條約

以暴易暴之南北滿洲

　　孝欽雖自回京以後，亦嘗貌行新政，其繼且降預備立憲之詔。

　　孝欽后自西安回，漸知守舊之非計，於是以帝名義降詔謂："戊戌變法，朕亦未嘗盡廢舊章；庚　　孝欽之變法

241

辛之交，皇太后亦未嘗盡罷新政。此後母子一心，共圖治理，苟足利國，曷憚更張。」乃詔廢八股文，裁詹事河督等冗官，停武科，改兵操，建學堂；然視戊戌不逮十五，蓋貌行新政耳。日俄戰後，日以立憲而勝，俄以專制而敗，於是海內人士大倡立憲之說。孝欽后乃於光緒三十一年，派載澤等五大臣，出洋考察憲政；明年歸國，遂下詔預備立憲。三十四年秋，又詔定預備期爲九年，設憲政編查館會議政務處，又立資政院於京師，咨議局於各省，爲議院基礎。（清季新政詳"今政學"章）

而民主潮流，終莫能挽，雖無鐵路國有之政策，清豈遂能免於亡哉？

親貴亡清　　光緒三十四年，德宗崩，孝欽后尋亦死。德宗從子溥儀入承大統，年幼，生父醇王載灃攝政。各省紳民迭上書請開國會，乃許改九年籌備期爲五年；然載灃實庸闇，初黜袁世凱，衆望其有爲，而擢用者多親貴少年。宣統三年，頒責任內閣制，總理爲奕劻，閣員又以皇族佔多數，各省諮議局上書爭之，不聽。而盛宣懷長郵傳，上鐵路國有策，欲藉是以大借外債，川鄂之人羣起反對。朝廷以趙爾豐入川，誅戮多人；鄂督瑞澂又大搜革命機關，衆益不平。八月十九日，民軍遂起義於武昌，不五月，清帝遂遜位。清凡二百六十八年。

第二十九章　明清學

　　明初教育，國學頗爲時所重，其後制科既尚，乃漸衰息。

　　明初，學校科目薦舉三途，並爲榮路，而太祖尤重學校。其制：設國子監於兩京（北監，成祖時設），肄業其中者，曰監生。妙選名儒，以司教授，故成材甚衆。高麗、日本、琉球、暹羅諸國，皆有官生入監讀書。其始也，清要之職如臺諫、藩臬，悉以太學生爲之，人皆以入監爲榮。迨制科漸重，太學生之成材者，盡入搜羅，於是監生銓授乃卑（大率教官爲多）。且入監之途，在昔有舉監（舉人會試下第者令入監）、貢監（府、州、縣學歲貢生員一人入監）等，俱鄉學俊彥。其後舉人厭其卑冷而不願入，歲貢又因鄉學失教，不肖者多。自景帝以邊儲匱極，開納粟入監之例，於是流品益淆；市井常人，亦得援例入監，謂之民生，亦謂之俊秀，而國學始有名無實矣。

　　地方之學，益無可稱。

明初國學之重

太學生之隆替

明初之地方學校

　　明太祖命府、州、縣皆立學，生員府學四十人，州縣以次減十；其後又命增廣，不拘額數，師生皆優其廩給，而嚴其考課，立臥碑於明倫堂左，爲操行標準，其考課皆以科舉爲殿最。鄉試生員中式少者，教官黜降；其久不中式之生員，則追還廩米而謫爲民。又廣立社學，以教民間子弟，立法甚良備。

中晚敎術之廢

然中葉以降，考課廢格不行，臥碑亦成具文（《明史·選舉志》）。觀毅宗之諭謂："近來士習日偷，舉貢失常，皆由督學教諭訓導各官，董率乖方，培養無術，盡失舊制。社學全不講論，教官近皆以衰庸充數，教術全廢。"（《續通考引》）可知鄉學之壞久矣。（顧炎武論明季生員之陋劣嘩噪甚悉，見《日知錄》。）

明代科場制度

　　其科舉之制，大體沿元，而稍變其條目；

　　明代科舉，但有進士一科，亦有鄉試、會試、廷試之別：子、卯、午、酉之年，在直省考試，曰鄉試，中式者稱舉人；次年試舉人於京師，曰會試，中式者，天子親策於廷，曰廷試，亦曰殿試，分一、二、三甲爲次：一甲止三人，曰狀元、榜眼、探花，賜進士及第；二甲若干人，賜進士出身；三甲若干人，賜同進士出身，授翰林官及內外各職有差。其試士之法，鄉試、會試皆分三場：初場試《四書義》三道（每道二百字以上），經義四道（每道三百字以上）；二場試論一道（三百字以上），判五道，詔誥表內科一道；三場試經史時務策五道（每道三百字以上）。凡未能全爲者，許分別減一道或二道焉。

然錮蔽人才也愈甚。

太祖既設科取士，誘以官祿，又懸定格以爲之極：凡《四書》主朱子《集注》，《易》主程傳、朱子《本義》，《書》主蔡氏傳及古註疏。永樂間，更命胡廣等雜鈔宋用經義，撰定《四書五經大全》，列布天下，全廢古註疏不用（《春秋》亦止用張洽傳，《禮記》止用陳澔《集說》），於是思想有限制。又所謂經義者，全用八股文；雖名稱沿自荆公，然必代古人語氣爲之，體用排偶，故曰八股，通謂之制義，於是文體亦有限制。顧炎武謂："三場雖無重輕，乃士子精力多專於一經，略於考古。主司閱卷，復護初場所中之卷，而不深求其二三場，則於《四書》一經之中，擬題一二百道，竊取他人之文記之，入場日鈔謄一過，便可僥倖中式，而本經之全文，有不讀者矣，學問由此而衰，心術由此而壞。"明代科舉之弊，斯語略盡之矣。

明代取士標準

科舉之弊

其始諸儒所稽撰者，大都不離程朱之學。

明初性理之學，全襲宋元之糟粕。永樂中，既頒《四書五經大全》於學官，又命胡廣等撰《性理大全》以行於世，採宋儒之說，凡百二十家，大抵蕪雜割裂，襞積以成，非能於道學源流，眞有鑒別。（《四庫提要》語）一代醇正之儒，惟推薛瑄、胡居仁，咸恪守程朱，世稱河東派。瑄學尙踐履，

明初理學爲宋元末流

245

語皆平實。居仁亦主實踐，嚴毅精苦，力行不怠。惟居仁之師吳與弼，學出伊洛，而頗主自然，涵養性情而近於放，遂開白沙陽明之緒。

及其中葉，王守仁遠紹象山，始倡知行合一之說；

白沙學派　　先是新會陳獻章學於吳與弼，人稱白沙先生，遂別爲白沙學派。獻章築陽春臺，靜坐三年，而不著書，其學實近於禪。門下有湛若水者，亦粵人，所論亦以自然爲宗，亟稱孟子勿忘勿助之語。王守仁之致良知　　王守仁，餘姚人，嘗築室陽明洞中，極好佛老書；初在京師，嘗與湛若水遊，得聞白沙緒論，倡致良知之說，以孟子"萬物皆備於我"爲其根據，謂物在吾姚江之眞値　　心，不待窮之於外（此是與朱子格物之說相反處）。近人章炳麟謂陽明之學，乃"欲人勇改過而促爲善。昔者子路，人告之以有過則喜，聞斯行之，終身無宿諾，其奮厲兼人如此。文成（守仁謚）以內過非人所證，故付之於良知，以發於事業者，或爲時位阻，故言：'行之明覺精察處卽知，知之眞切篤實處卽行。'於是有知行合一之說，此乃以子路之術轉進者。要其惡文過，戒轉念，則二家如合符。"（《王文成公全書序》）故其學最有分決，宜於用世，學者稱曰姚江派，以上接陸九淵雲。

然末流或披昌無行，悖棄禮法。

姚江末流　　有明一代，河東派之失在拘，且其學不適於用。姚江派頗尊重個性，思想極自由；然陽明弟

第二十九章　明清學

子，又有江右、泰州等派。江右如羅洪先等，倡靜觀，主自證，所造甚精微。泰州王艮，浙中錢德洪，亦稱高弟；而王艮最放，門弟子最多，其末流亦最雜，或至猖狂犯禁，不能如河東之恪守繩墨矣。章炳麟曰："宋儒視禮教重，而明儒視禮教輕，是文成之闕也。"

若夫博學之士，則終明之世，不少概見焉。

明之士大夫，上者馳心神於性理（按河東、姚江之徒，皆不甚以讀書爲事），下者弊精力於制義，故博洽方聞之士絕鮮。其窮經學古，與後世清學略有關係者，如梅鷟著《尚書考異》，開閻若璩先聲；陳第著《毛詩古音考》，爲顧炎武之先導。此在明世，常不多見。其專以博洽名者，但有楊愼，頗事考證，著書達百餘種，然亦未能專研一學，至於成家。若夫李贄、鐘惺、袁黃之流，或披昌無行，或妄爲傅會，其學非失之雜，卽失之迂，殆無足雲。

〔明之博學家〕

清代學校貢舉之制，類襲明舊，毫無改革。

清代太學及府、州、縣學之制，與明同，毫無精神，徒有形式而已。貢舉亦全沿明制，惟科場條例加密於明。鄉、會試所試者：初場《四書》題文三道，五言八韻排律詩一首，二場經題文五道，三場策五道，殿試則策一道。文體仍尙八股，以高宗所定《四書》文爲程法；經義則以遵奉《御纂四經》《欽定三禮》及用傳註者爲合旨。《春秋》廢胡傳，出題以《左傳》本事爲文，參用《公》

〔清之科場制度〕

〔清代取士標準〕

《穀》之說，蓋所以束縛士子者尤甚，可謂上無教育，下無通才者矣。末造罷科舉，立學堂，然規模粗具，效未彰而清已亡。

　　惟康熙、乾隆兩朝，頗有提倡學問之舉。

<small>高宗右文之治</small>

　　清聖祖而後，高宗亦好學稽古，故康、乾兩朝，均嘗特開博學鴻詞科，網羅海內績學之士，授以館職，命校刊《十三經》《二十一史》，頒布學宮。又纂《四庫全書》，以乾隆四十七年告成；大收前代遺書，及私家舊藏新撰之本，彙爲巨帙，凡萬餘種，十六萬八千餘冊，以經、史、子、集爲第，藏諸文淵閣，分鈔副本，頒於江浙，亦建閣藏之。凡四方好學之士，願讀中祕書者，得赴閣鈔錄。於是祕籍遺編，得所保存，人文漸盛。

　　以理學言，雖非一代特色所在；

<small>清之理學</small>

　　清之學校功令，旣宗程朱。其時儒者，如陸隴其、湯斌、李光地之倫，亦均斥陸王之放誕，法洛閩之躬行，其當官處己，皆有可稱，然無甚發明，故其學似盛而實微。外此若李顒，宗呂居仁，而取於佛法者多，主以心觀心，每日靜坐，實與王學爲近。顏元、李塨，則不主讀書講學，而重力行以禮樂兵農爲日課，是又於朱陸以外別張一軍者。然皆非清學之特色也。

　　而漢學極優，顧炎武實開其緒，毛、胡諸家，又極力攻宋以伸漢。

第二十九章　明清學

清初漢宋學之激戰

宋人爲學，專談義理，漢唐註疏，束之高閣，故自是之後，經學藐無足觀。清初，黃宗羲、顧炎武以明之遺老，高蹈不仕，遂開漢學之緒。宗羲爲學，不尙游談，主博治經史以致用。炎武且謂舍經學而言理學，則邪說起，故治學尙博證，重創獲，求實用；又謂通經必先考文，考文必先知音，故又有《音學五書》之著述。自後毛奇齡更首出攻朱子，於《四書集註》一書，抨擊無遺。胡渭則著《易圖明辨》，於《河圖》《洛書》之說，謂其導源道士，非其本眞。於是程朱因諸家之反對，漸至動搖。

惠、戴諸人繼起，實事求是，以考訂經文，於是漢學乃大昌。

漢學之確立

未幾，惠棟、戴震相繼出，宗顧氏博證之法，以漢人之說解經，漢學之名乃立惠棟於學，尙墨守。戴震則一空依傍，發明硏經之法，曰以訓詁解義理，以文字定訓詁，以音聲合文字。其弟子如孔廣森、段玉裁，皆以精通小學，有名於時。王念孫雖非戴氏傳經弟子，而用其說以治古書，重客觀，輕肊說，實深合科學方法。念孫之《廣雅疏證》，及與其子引之所爲之《經義述聞》《經傳釋詞》，皆縝密詳博，爲時所重。清末之兪樾、孫詒讓，則斯派之後勁也。

而其時亦有專治今文學者，莊存與其首倡者也。

今文家　　　　　惠、戴同時，武進莊存與治《公羊春秋》，倡今文學，不斤斤於訓詁名物，而專求西漢微言大義；劉逢祿、宋翔鳳、王闓運等遞宗其學。清季康有為信孔子為漢改制之說，遂有變法之倡議。《公羊》三世之說，康與其徒時倡道之；又著《新學偽經考》，謂《六經》多劉歆所竄亂云。

　　　　　　　　至於經學而外，我國科學素不發達。

中國科學概談　　我國科學，以曆算之學發明最早，《九章算術》，著於漢志。歷代如漢人張衡，南齊之祖沖之，元之李冶，皆精測算。而張衡之渾天儀、候風地動儀，馬鈞之指南車、翻車（鈞，三國時人），祖沖之之千里船，制皆精妙，見稱於史，惜其法不傳耳。我國學者，騖心於遠，於制器尚象之事，恆卑視之，故科學思想極幼稚；能粗有傳授者，惟曆法一種，亦以疇人子弟，官宿其業，故賴以傳其學

西洋科學之東洋　耳。自明末基督教東來，利瑪竇以傳教留京師，神宗館餼之，士夫如徐光啟輩，皆與之遊，譯有《幾何原本》諸書，於是泰西科學，始輸入我國。先是元世祖時，始置回回司天監，明雖罷之，而其曆法仍列為監中一科。明末，諸教士若德人湯若望等，多通天文曆法，能駁正欽天監之誤。崇禎時，始以教士兼任監事，復奉命鑄造火器焉，耶教之行自此始。

　　　　　　　　清人承明季耶教東來之緒，始稍有研究之者，然其流猶不遠。

第二十九章　明清學

清興，湯若望仍掌欽天監。聖祖亦擅長曆算，嘗著《數理精蘊》《曆象考成》，並精絕。繼湯者，爲此利時人南懷仁，亦爲聖祖所眷任；於是西洋曆法大興，而回回曆衰矣。時士夫之精算學者，有梅文鼎、戴震、李光地等，皆有名。而梅氏所詣尤高，所著天算書至八十餘種，然研究者不多。中葉以後，外患日迫，昔之深閉固拒者，今亦震於潮流，變其舊態，而有中學爲體，西學爲用之主張；中興諸帥，尤持之甚力。同治元年，京師設同文館於總理各國事務衙門，延西人爲教習，教授英、法、德、俄四國文字；凡天文、化學、算學、格致、醫學之屬，悉分科治之，是爲中國正式采用西學之始；然是時諸學館學堂，猶多爲外交及武備船政而設。光緒末，科擧永廢，學堂廣興，始有文實分科之擧，而普通科學，乃成常識矣。〔清初曆算之盛〕〔同光西學之提倡〕

若天文學，則兩朝名家雖衆，尚未能出唐宋八家之窠臼云。

初，唐韓愈倡爲古文，柳宗元和之。宋興，有穆修、尹洙，相與振起。至歐陽修見韓文而大好之，渾厚豐腴，自成一家。其知貢擧也，痛抑時文，風氣一變。修之後，曾鞏温雅，安石奇峭，蘇洵及二子軾、轍，又出之以平易縱橫，於是韓、柳、歐、曾、王、蘇有八大家之目。明代諸名家，皆以是爲歸墟，然氣度終遜前人；又有薄八家而遠紹秦漢者，爲前後七子。前七子以李夢陽爲首，後〔唐宋迄清之文學〕

七子以王世貞爲首。謂古文之法亡於韓，不讀唐以後書，爲文故鉤章棘句，至不可句讀，世目之爲僞體。迨歸有光出，專學歐曾，講格律禁忌最精工，雖無沈雄博大氣象，而頗得茹潔深摯之美，故遂爲文章正宗。入清以後，桐城方苞步武歸氏，標立義法。同邑姚鼐出，師歸、方之謹嚴，爲文不逞才氣，而一衷於法，桐城派之名遂滿天下。同時有惲敬、張惠言等，以陽湖派名於世，世稱策士之文。晚有曾國藩，不立宗派，爲文閎偉昌博，突過方、姚，然不專以文章鳴。若乾隆間之汪中，其駢文之淵茂，又並世無兩也。至明清人所爲詩詞，更不能脫唐宋窠臼，故不具述。

第三十章　今政學

民國成立以來，政爭兵鬨，幾無寧歲，大抵前六年爲北方統一時代。

我國革命思想，胚胎清末，而前總統孫文實開其端，以清廷鐵路國有政策爲導線，爰有武昌首義之舉；而清廷遜位，實以北洋軍人之要求爲最有力；故孫文辭職後，南京參議院卽舉袁世凱爲大總統。二年國會成立，仍舉世凱爲正式之元首。惟世凱旣當國，漸欲除民黨以爲快，贛寧之役，乃其見端。三年一月，遂解散國會，改定約法，行集權之治，是時中央權力最盛。四年十二月，遂蹈拿破侖覆轍，有帝制之禍，幸蔡鍔倡義雲南，乃始撤銷。五年六月，世凱病卒，副總統黎元洪繼總統任，約法與國會俱復。六年，因對德絕交案，有府院之爭，元洪始從國會之意，免總理段祺瑞職；繼又爲疆吏張勳等所脅，而解散國會。張勳入京，本云陳說時局，旣乃擁清帝復辟。幸段祺瑞誓師馬廠，收復京師，共和得無恙。然黎元洪自以改選國會，有違約法；又縱容張勳，致召斯變，遂宣言不與政治，且復任段祺瑞爲總理。祺瑞乃迎副總統馮國璋入都，代總統職。八月，布告對德宣戰焉。先是國會解散後，南方有宣布自主者（粵、桂兩督），復辟事平，段祺瑞堅主不復國會。於是滇督唐繼堯，亦通電擁護約法，主張恢復國會，懲辦禍首；南方諸省，頗有傾向之者，祺瑞與北方軍閥皆主戰。七年三月，北軍與粵桂聯軍戰於長沙，而南北遂分。

　　七年以後，則爲南北分立時代，而兩方又各有內戰。至十六年而南方之國民革命軍北伐告成，復統一焉。

南北分立時代史略

　　自後北方裂爲二系：其一皖系，倪嗣沖爲之長，黨段；其二直系，曹錕爲之長，黨馮。馮氏主和，段則主戰。既而第三師長吳佩孚頓兵不戰，川閩又失，乃召集新國會，舉徐世昌爲總統。七年十月，世昌就任，約南北議和於上海。八年，和議決裂，自是南北遂長爲對峙之局。當徐氏就職之始，皖系勢力最盛，段祺瑞爲總理，兼參戰督辦（歐戰停止，改稱邊防軍），徐樹錚則任西北籌邊使。直系疾之，九年七月，有直皖之戰，皖軍敗績。自是直系繼盛於北方。十一年，總理梁士詒以膠濟路事，電我華會代表對日退讓，吳佩孚斥其賣國；張作霖庇士詒，於是四月有直奉之戰，奉軍敗績，直系勢益張，其六月，遂逐徐世昌，迎黎元洪於天津而復位。洪在位僅一載，廢督裁兵之願，迄未能遂，直系又逼而去之。國會賄選曹錕爲總統，直、奉之隙益深。奉、浙兩督，俱宣言不受節制。十三年，遂又興江浙之戰，及第二次直奉之戰；終則直軍以馮玉祥旋師而敗，曹遂亦被逼而去職。段祺瑞爲臨時執政，兩大之間，殊難調護（奉與馮），而奉系勢尤盛，於是以十四年聯奉之戰肇其端，繼則直奉合力攻馮，終乃段氏下野，國民軍（馮氏所部）亦敗於南口。自是北方遂暫由攝閣於諸督擁護之下，行其職務焉（以上北方）。南方之獨立，自六年軍政府始。九年分裂，國會旋舉孫文爲大總統，然政變累作（卽陳炯明之倒戈），北伐迄無成。十四年春，孫文應北方段執政之請，入都謀善後，竟卒於北京。胡漢民繼之，組織國民政府，取合議制，氣象一新，而以廖仲愷被刺案去職，內訌屢作。終則蔣中正解散反側軍隊，東征陳炯明，克惠州，炯明竄入閩。十五年二月，遂組織國民革命軍，受任爲革命軍總監；於是民政屬汪精衛，而軍政全屬中正。七月，中正以湖南之變，率師北伐，湘鄂贛諸省相繼得，北方之馮玉祥、閻錫山亦加入國民革命軍。翌年，全國遂統一於國民革命軍之手，而以南京爲國都。

我國政制之改革，自清末已肇其端緒。

戊戌政變後，改革政治之思想日昌。光緒三十二年，頒詔豫備立憲。其文有云："庶政公諸輿論，大權統於朝廷。"蓋國體雖猶如舊，而政體自是已

國民政府

國民革命軍之統一中國

清初憲政之初凡

255

大異於前矣。我國舊時，君權無限，雖有相臣之匡弼，言官之諫諍，而不能與君權抗，於政之隆汙，裨補不多；司法機關，每與行政相混合，議親議貴，更無以保法律之平。光緒三十三年，詔設資政院，立議院基礎，於是中央有立法機關。明年，命各省設咨議局，指陳通省利病，籌計地方治安，於是各省有立法機關，是爲立法分立之始。光緒三十二年，改刑部爲法部，專管司法行政。明年，頒《法院編制法》，命省城商埠先設審檢廳，是爲司法分立之始。其行政官署，則自戊申頒詔，即已有所改革。宣統初，內閣成立，復加增改，定爲外務等九部（外務、民政、度支、學、陸軍、海軍、農工商、郵傳、法），各省則於布政使外，設提法（按察使改）、提學（學政改）二使，又裁分巡道，立勸業、巡警等道。於是行政機關，亦頗有釐革。凡此皆一時新政之設施，具立憲之雛形，爲民國所自承者也。

民國初年，更頒約法以定國家之組織，實採三權分立制度。

政治學家謂國家之行動，由有至高無限之治統權。共和國家，權原在民，然又同時受鈐束於其下。故曰：人人爲治者，人人爲被治者，而規定此種權力之所寄，實爲憲法。入民國後，政府以正式憲法期諸國會之制定，而先頒臨時參議院所定之《臨時約法》五十六條，斯即民國之憲法也。雖中

臨時約法與民國政制

廢者有三度（袁、曹、段），而與民國關係終較深切。據《約法》所定：中華民國以國會、大總統、法院行使統治權（《約法》第四條大意），是卽所謂三權分立制度也。立法權用代議制，以民選之國會行使之。行政權採責任政府制，大總統爲行政元首，依國會之同意，任命國務總理及九部總長（外交、內務、財政、陸軍、海軍、教育、司法、農商、交通），俱稱國務員，組織內閣（曰國務院）。一切政令，內閣出之，對國會負其責任。司法權由法院操之，法官獨立審判，不受上官之干涉，此民國憲法上重要組織也。

然上下無守法之習慣，國會旣數被摧殘。

我國國會組織，採二院制，曰參議院、衆議院。除立法外，對於政府，有監督彈劾之全權。依《代議通則》，旣有國會，必當有政黨。民國初年，國民黨最於會中居多數，袁世凱嫉之，遂有停止國會之擧。自後雖幸恢復，而疊見摧殘（詳前）。此固由行政機關之不甘束縛，而國會自身，亦實有不滿人意之處。如：

（1）議員不以國民福利爲懷，但以抨擊意氣爲事，政務多因是沮格不進。

（2）政黨不務實行黨綱，但求擴張員數，致一黨之內，品類不齊。

（3）議員易爲政府所賄誘，利之所在，望風而靡，遺民國史以甚大之污點。

國會窳敗之象

（4）選舉舞弊，久而愈甚，名曰民選，實則全爲金錢所左右。

有此數因，故國民對於國會之信仰，日以失墜，將來非從根本上設法改良（如選舉法等），決不能舉代議之實也。

官治自治，無一能舉；

中央政府，旣有名無實。其地方行政，光復後改爲省、道、縣三級。省置巡按使（五年，改省長），道置道尹，縣置知事，爲各該區域之長官。施行政令，實視有清爲較簡捷。然當袁總統時代，中央勢力未墜，尙能稍稍講求吏治。厥後督軍干政，省長仰其鼻息，殆如僚屬。道尹、縣知事，皆由軍閥恣意位置，責其羅掘，於是貪風熾而吏治壞。各省議會，本一省立法機關，袁氏廢之，中斷者二年。黎總統規復後，各省行廢不一，亦不能舉監督行政之實。間有制定省憲法（如浙江、湖南），思創聯省政府者，然抑於時勢，終不果。至地方自治，清末僅有章程之頒布。民國成立，分爲縣及市鄉兩級，各設自治會。三年二月，袁總統謂其狃法亂紀，與省議會先後停辦。自是自治迄未恢復。惟山西省長閻錫山，以官力輔導人民自治，差有成效焉。

一切政權，惟軍閥操之。

先是清之末造，勇營漸不可用。越南敗後，外侮日亟，光緒三十年，練兵處乃奏練陸軍，用日本

省行政

省立法

地方自治

軍閥溯原

第三十章　今政學

操法，暫定全國爲三十六鎮，自北洋始。迄於季年，已成者凡十鎮又二十八協，而北洋占六鎮，袁世凱時以北洋大臣兼練兵大臣，實力歸焉。清之遜位，北洋軍人速之也。光復以後，軍制沿清之舊，而改鎮協爲師旅，以督軍掌一省之軍政。袁氏在位，督軍尙用命，死後而北洋軍閥分裂，日尋干戈，紛起召募，於是兵數冗繁。初時全國八十餘師，甲子戰後，南北軍隊乃達二百十師又百八十旅，而警備等隊尙不與（據《東方雜誌》第二十二卷何西亞所調查）。於是軍費膨脹，耗財蠹國，一省軍政、民政、財政，悉在督軍掌握。其強者兼圻自擁，隱執朝權，從橫捭合，相爲離結，一如唐末五代之世。〔殘唐方鎭之重演〕

　　所差爲進步者，司法制度而已。

　　我國法律，惟刑律發達最早。明律、清律，尤較前代爲整齊。然自今觀之，則有三弊：〔中國法律三弊〕

　　（1）外則行政官兼理刑獄，內又有三法司（刑部、都察院、大理寺）、行政、司法界限不明。

　　（2）律之外又有成例，援引者得上下其手，弊竇日滋。

　　（3）刑罰雖輕於往代，然視今文明國制度尙遜。

　　清末歐化東來，外人居華者，遂藉口法律不完，以領事審判西僑，於是法權旁落。光緒二十八年，命沈家本爲修訂法律大臣，始改訂舊律曰《大〔清季刑法之改進〕

改國後之司法制度	清現行刑律》，除梟示、凌遲、戮屍之刑，軍流改爲作工，笞杖改爲罰金，此實法律上一大進步。其時法律館各項草案已成，而未及公布。光復後，始實行四級三審制度，頒《新刑律》《商人通例》《公司條例》及《民刑訴訟》諸案例，以資適用，舊時三弊，漸次廓清；惟各省區法院未能普設，行政官兼理司法者，尚多有之，此則財政及人才限之也。

又自國民政府成立後，實行五權憲法，爲中外政治上闢一新紀元焉。

五權憲法	自國民革命軍統一中國，國民政府成立，始實行孫文所倡之五權憲法，設五院管理之。五權者：一曰行政，二曰立法，三曰司法，四曰考試，五曰監察，合稱曰治權；而總攬之者，爲國民政府。國府設主席一人，由中央執行委員選任，對內對外代表國府，有提請國府任免各院長之權。人民方面，亦有選舉、罷免、創制、複決四種政權；在訓政時期，依《建國大綱》所定，由國民政府訓導之。二十年五月，國民會議制定《訓政時期約法》八十九條，在未授政於民選政府之前，與憲法有同等效力。

民國學制，累有變更，最近所頒，頗饒特色；

民國最近學制之特色	自清光緒二十九年訂立學堂章程，以至於今，學制變更者屢。民國十四年，教育部頒佈《學校系統改革令》，分教育爲三級：曰初等教育，以教童

年（六歲至十二歲）；曰中等教育，以教少年（十二歲至十八歲）；曰高等教育，以教成年（十八歲至二十四歲）。其特色可舉者：若廢除預科，以期各級之銜貫；採六三三制，以謀升學或擇業之便利；初等教育採彈性制，以獎進天才；中學以上行選科制，以適應個性。蓋幾經研究，乃克有此結果也。

然以辦學成績言之，則得失蓋相半。

民國學制，視前為進步者有三端：

（1）小學教育日見改良，教育部亦提倡不遺餘力，如公佈注音字母（十九年五月，改稱注音符號），改用語體文，皆足為普及之助。

（2）自民國八年中日外交激動公憤，學生巡行演說，為政府後盾，頗有漢宋大學生伏闕論政之風（所謂五四運動是）。

（3）各地提倡平民教育、職業教育，一洗前代以讀書為作官途徑之弊，而女學尤視前發達。

然其缺點亦有三：

（1）平時考查學績之法不嚴；及至畢業，官中又無覆試辦法，成材者鮮。

（2）向聲務外，士習浮囂，埋首讀書者鮮。

（3）中等以上學校，無論公立私立，莫不徵取學費（此最與古代學制相反），形同買賣，清寒子弟能深造者鮮。

是故今之學制，猶未為盡善也。

辦學成績

惟最近期中，學問家輩出，於國學頗有新見解。

最近期中之國學　　清代學術，淩跨宋明，晚近二三十年，餘風猶振。康有爲提倡今文，謂孔子大道，滅於劉歆，前文已略及之，至今篤守其說，以攻經究史者仍不絕。古文家亦有俞樾弟子章炳麟，著書推明左氏，然其影響學者，不及其小學之深廣。清自戴、段而外，於古音韻有發明者，推孔廣森、錢大昕。炳麟更作《成均圖》，多所證明，由是小學始可治；而以古音解方言，欲反殊語於姬漢，尤開統一言語之先路。諸子學晚近亦最盛，學者因外來思想有所證悟，頗多創發，如嚴復之於《老子》，章炳麟之於《莊子》，孫詒讓、梁啟超等之於《墨子》（尤以《墨辯》爲精），皆有新解。民國以後，整理國故之聲盈耳，然爲之者則尚寡焉。

而以古物之發見，考古家之成績，尤超軼前代。

考古學　　自來學術之興，所賴於古器、古書之發見者甚巨，如孔壁、汲冢之書，考古者莫不重視之。近二三十年，古物出世尤夥，其大者如殷虛之甲骨文字、敦煌及西域諸城之漢晉木簡、敦煌千佛洞之六朝唐人手寫古籍，皆希世瑰寶。先是吳大澂等，嘗因古器物而研究《說文》以前文字，頗有倫類。及殷虛文字出，孫詒讓、羅振玉、王國維輩，相繼考索，且旁及殷代史料，足以補正舊史者良多。敦煌木簡等物，則羅氏審釋文字，王氏考證史實，所發見處，尤多前所未聞（參《東方》十九卷三號及《學衡》四十五期論文）。故近代義理之學，雖不如故，而考證之學，得古物再見之助，實視乾嘉諸老爲更確實也。

文學亦大異於昔，有標新領異之觀焉。

晚清之際，桐城古文稍衰，最後者曰吳汝綸；其弟子嚴復、林紓，並有文名。二人皆喜譯西書，林譯多小說，嚴譯多哲學書，故影響思想，復實較巨。然是時翻譯，猶尙古文，以信、達、雅爲鵠的。梁啟超爲文，始脫去古義法，縱筆爲之，俚語、韻語及外國語法，雜出行間，略不檢束，於是新文體以興。其書流傳日多，讀者恆倣爲之，漸流冗漫。入民國後，胡適稱古文爲死文學，謂生今之世，不宜迷戀骸骨，於是昌言攻擊，以建設國語文學爲職志，一時和者羣起。今之國語運動，自胡氏發之也。

新舊文學

第三十一章　今生計

我國財政，自清末已呈困難之象。

清末財政之回溯　清代財政，自乾嘉用兵而漸匱乏。然甲午戰前，據戶部報銷册，歲入銀數，自七千萬兩至九千萬兩不等，歲出則在九千萬兩左右，出入相懸不鉅，彌補猶非無法。自甲午、庚子兩役，驟負巨大之賠款，而外人又乘機以債權餌我，有五國銀行團之組織，以肆其經濟侵略之圖，於是開礦築路，無一不恃外債以從事。又清初本有永不加賦之令，至是練兵興學，以及賠款，往往攤之各省，捐稅紛紜，人民負擔遂日以加重矣。

光復以後，國用浩繁，幾以外債爲主要收入，項城時代，整理稍稍就緒，惜其後帝制議起，財乃浪耗。

國初財政情形　據清末所制之宣統四年預算案，中央歲出一萬九千萬元。民國成立，每月政費，乃至三百餘萬元，用度驟增，收支不相準；而賠款外債，又歲需巨數，故國初歲計，全恃外資，自元年至三年，舉債達四萬萬元之巨。中央收入，本以關稅、鹽稅爲大宗；而兩者自清末已作賠款及長期外債抵押品，中央惟以每年抵付之餘，應政費之需，謂之關餘、鹽餘。民國三年，政府爲開源計，乃加課印花稅、菸酒牌照稅、驗契費，又舊課之契稅、菸酒稅，亦增收之，謂之五項專款；又不足，則發行內國公債、儲蓄票等以給之。民國四年，國計頓裕，乃袁氏忽萌非常之志，竭天下之財，爲籌備帝制之用，現象遂有岌岌之勢焉。

自後戰亂頻仍，中央號令不行，財政更日形紊亂。

黃陂繼任，南北漸分。段祺瑞堅主武力統一，濫借日債，以充戰費，路權、礦權，喪失至鉅。自八年以後，中央幾以借款度日，直至今茲，無以異也。（故組閣者，必以能籌款爲上選，而人才次之。）其所以致此，大抵有下列數因：

近歲財絀之由

（1）政府號令不行，而國稅、地方稅又溷而未分。中央稅收，往往濫爲各省所截留。

（2）關、鹽兩稅所抵外債，因鎊虧及債目日繁，所餘漸減。

（3）軍政費占歲入百分之七十五，且日增無已。

（4）國會頻廢，審計院又不能盡責，故財政當局，得肆意濫支。

（5）小借款日多，周轉不靈。

　　　　具此五因，是以財政日形困難。非實行裁兵以節其流，更能整頓稅制，復關稅之自由，以裕其源，則理財未易言也。（以上參申報館《最近之五十年》，賈士毅論文）

　　　　地方財政，則全操於軍閥之手，人民負擔日重。

地方財政與軍閥　　前清時代，財政實權操於督撫，關、鹽兩稅大半留歸本省之用。民國成立，袁氏採集權主義，設國稅廳於各省，凡稅收悉解中央；關、鹽兩稅，又以抵債之故，專款存儲，所餘亦定爲中央收入，於是財力大遜於昔。所賴者，田賦釐金，正雜各種稅捐而已。迨六年以後，督軍當權，省自爲政。除濫行截留外，又於田賦任意附加，數倍其始。一省支出，軍費居什六七，加賦之不足，則預徵於民。湘豫等省，有預徵至五年：十年後者，民之重困，蓋可知已。

　　　　而以幣制未一之故，國計民生，食弊尤烈。

幣制與民生　　清代銀兩與銅錢並行，而未鑄銀爲幣，故本位不一，不便殊甚。清初銀一兩易錢七八百文；海通以來，銀逐年外輸，產嗇而價貴。咸、同間，漲於舊値一倍而強，於是銅錢低折，物價乃昂，是爲生活增高之初期。而自嘉、道以來，外國銀圓流行市場，民間以其畫一，樂於行用。於是紋銀日耗，外幣日增，利權寖爲外人所操縱。光緒中，乃倣鑄龍圓以爲抵制，漏巵少塞；而法價未定，銀兩之習仍未除。又世界各國，多行金本位。我以用銀之故，賠款償債虧耗重重（所謂鎊虧是也）。入民國後，幣制仍未一。各地貪鑄銅圓，質輕貨劣，充斥市場，幣值低而物價日昂。人民生計，無形中益爲增高矣。

內外商業，則爲釐金及關稅所限制，猝難發展。

我國自漢以來，累朝皆行重農抑商政策，清代亦然。光緒二十九年始設商部，著眼於保商；又爲抵制外人把持金融計，先後設立銀行於各大埠。民國以後，悉踵爲之；然而外貨輸入，我終無以制勝於人，則釐金與關稅限之也。關稅制度，在各國通例，進出口恆異其稅率，寓保護輸出、抑制輸入之意。我自中外互市，卽與外人定約，稅率不分進出口，概抽百分之五，於是對外貿易無由獎勵，輸入常超過輸出。釐金者，洪楊變起，各省以練兵無款，權於常關（常關爲內地征商之關，自明代始）之外，設卡抽釐，率爲值百抽三或五，由布政使委員徵收；初議事平卽裁，後乃相沿不廢。一省之內，局卡以百數，土貨沮滯，病商而兼以病民，爲弊尤甚。及辛丑定和約，我以加海關稅爲請，外人則於約中訂明，如我裁釐，則關稅可加至值百抽十二‧五。今華會既予我以改正關稅之機會，而開議以來，久無結果（詳下章）。軍閥倚釐金爲財源，亦未易卽裁也。

近代商業

關稅與釐金

坐視我國金銀，日以外溢，雖工業品粗有進步，而所抵制者終有限。

<small>入超之可慮</small>

民國十五年中，除歐戰時西洋商貨來源幾絕外，入超常在關平銀一萬萬兩以上。如許金錢，流出國外，國安得不貧！其中雖仍有多數流通國內，然所有權已屬外人；或存入銀行，或建設工廠，皆足以操縱我國之經濟。而輸入之品，尤以英日二國為主要部分。二國合計，在前十年中，常在百分之四十左右；十一年以後，竟達百分之七十。（以上據《東方》二十二卷十五號金侶琴論文。）英之毛織品、日本之棉紗，輸入尤多。我當清季，疆吏亦

<small>近代工藝</small>

曾提倡機織之業（光緒八年，李鴻章奏辦機器織布局於上海，是為官辦工業之始。張之洞在粵在鄂，亦盛倡織布、煉鐵）。馬關議和，許外人建工廠於各埠。國人聞而自奮，亦頗有新設之廠（如南通大生紗廠，即創於是時）；然限於資本，終甚有限。光復後，政府之倡導，不及前清。然因歐戰之起，外貨稀少，日貨又因二十一條，大受抵制，一時國內新工業勃興。故民國八年，入超最小。然歐戰息，後盛況又大減，惟棉織業自是漸興，稍稍賴以挽救云。

所幸者，我國為農國而非工國，尚無今世諸邦貧富殊絕不可終日之現象。

<small>農國工國之別</small>

農國、工國之別，近人章士釗釋之最悉。章氏

揭舉農治，彈斥工化，謂："凡國家以其土宜之所出，人工之所就，卽人口全部，謀所位置之，取義在均，使有餘不足之差，不甚相遠，而不攪國外之利益，以資挹注者，謂之農國。反是，而其人民生計，不以己國之利源爲範圍，所有作業，專向世界商場權子母之利，不以取備國民服用爲原則；因之資產集中，貧富懸殊，國內有勞資兩級，相對如寇讐者，謂之工國。"（十三年十一月一日、二日《新聞報社論》）觀所詮解，利弊已彰。蓋農國尙自守，恃天產爲饒給；工國尙求富，拓銷場於海外。其夷險既異，其影響之大小自亦迥殊。凡爲大規模之生產者，以資本雄厚爲尙，故貧富之間，浸相懸絕。游食者荒其田畝，覓食於資本家之門，本業既廢，其身亦任人控勒，爲社會可憐之寄生物，此皆工國之流弊也。

階級鬥爭爲工國產物

誠能因吾所優者而利導之，外競雖不足，自保頗有餘矣。

我國素重農治，抑兼并，求均平，爲漢以後一貫之政策，民俗相傳，大都以能施與爲賢，以厚自封殖爲鄙夫；雖有富室，不數傳而卽與常人無異。故國中既無歐美式之資本家，所謂階級鬪爭，亦無自而生。改革以還，外來思想，有提倡均產主義者，不知此在吾國，本未甚相越，不須效此也。雖今者人口衆多（據郵局調查，中國人口凡四百三十餘兆），然未耕之壤，未拓之富源，尙自甚廣；更

吾國經濟上之優點

無歐洲所謂人口問題之可慮。誠能一方解除條約上之束縛，獎勵外輸，以挽利權；一方用政府之力，提倡墾殖，以張農治，國民生計，不難蒸蒸日上也。

第三十二章　今國際

　　國初外交，因庫倫獨立事，有中俄蒙條約之訂立。

　　民國以來，西藏交涉，至今懸案。惟外蒙於袁氏當國時，有獨立之舉。先是武昌事起，俄人嘗以軍費助庫倫活佛，稱帝獨立。民國成立，俄人又與活佛訂協約，蒙古政府與中國或他國立約時，不得俄之允許，不得與協約抵觸或變更。政府抗議於俄；內蒙王公，亦宣告不承認。二年，庫倫復以俄軍侵內蒙，經熱河、綏遠、山西諸軍擊退之，然終未能戡服。十一月五日，袁世凱解散國會，外交總長孫寶琦遂與俄訂立聲明文件。其要項如下：

（1）俄人承認中國在外蒙古之宗主權。
（2）中國承認外蒙古之自治權。
（3）中國與俄國，各不干涉外蒙古內政。

　　此項自治區域，以前清庫倫辦事大臣、與烏里雅蘇台將軍、科布多參贊大臣爲限。三年九月，又訂立中俄蒙協約，申明外蒙無與各國訂結政治、土

外蒙自治一瞥

地、國際條約之權，而有與外國訂結關於工商事宜之條約權焉。

其後蒙人悔悟，乃有八年取消自治之舉。

外蒙之復歸　　外蒙自治，本受俄人煽誘所致。當時內蒙王公，卽發表宣言，不認庫倫政府有對外締約之資格。迨六年三月，俄國革命，舊黨恩琴及謝米諾夫時擾蒙邊。外蒙王公喇嘛，漸有內向之志。八年十一月，外蒙自治官府，呈請取消自治，由駐庫都護使陳毅電呈政府，略謂："近來俄國內亂，亂黨侵境。俄無統一之政府，自無保護條約之能力。而布里雅特等，任意勾通土匪，結黨糾夥，迭次派人到庫，種種煽惑，攘奪中國宗主權，破壞外蒙自治權，於本外蒙有害無利。唐努烏梁海，向係外蒙轄區，始則白黨強占，繼而紅黨復進，外蒙生計，向稱薄弱，財絀槍乏，極為困難。本官府屢開會議，均各情願取消自治，直接中央。前者中俄蒙條約，原為外蒙自治而訂。今自願取消自治，則前訂條件，當然概無效力。"徐總統乃下令嘉許，並以取消自治之事，通知各國公使焉。

然此一部分之交涉耳。若夫國際地位，則自前清之末以訖國初，我國實生存於列強均勢之下，而日、俄最優越。

均勢概談　　自中英《江寧條約》開勢力範圍之惡例（見前），甲午中日戰後，中國積弱之勢已成，列強分割中國之野心，亦寖暴露。於是以德租膠、澳開其端，各國競肆要求，並附以鐵路、礦山之權利，幾有無形瓜分之勢。而列強之間，猜忌亦甚：光緒二十五年，美國務卿海約翰爲維持在華工商業機會均等起見，通牒六國（英、德、俄、法、日、意），提倡門戶開放、領土保全政策，六國次第贊成；於是單獨侵略之禍始免，而均勢之局漸成。厥後俄在滿洲，勢力漸盛。日本一戰而勝，於是南北滿洲，日俄分疆以行侵略。宣統二年，日俄密約，卽二國確定勢力之券劑也。他強國忌之，爰有四國銀行團，以保投資機會之平焉。

日本自與英國聯盟後，儼以東亞主人翁自命。

英日同盟，訂於西元一九零二年頃（清光緒二十八年）。是時英以遠東商務爲念，日本則慮俄之侵略滿洲及朝鮮，故約中申明，尊重中國及朝鮮之獨立。及朝鮮已亡，俄亦戰敗。二國又於一九零五年（光緒三十一年）訂第二次盟約：英認日本在滿洲之特殊利益；而日本則認英在印度之必要處分，而仍申明保全中國獨立與領土完全，及列國機會均等主義。一九一一年（宣統三年）第三次盟約，此條仍無變更。日本既因盟約而常獲殊益。故漸思宰制亞洲，以逞其帝國主義之野心焉。

英日同盟之用心

迨歐戰事起，遂藉約取我青島，有二十一條之要求。

歐戰爲日本對華侵略之機會一　先是民國三年六月，歐戰開始，吾國於八月六日宣告中立，日本則藉口履行英日盟約，加入戰爭，並迫令德國將膠州租借地全部交付日本。德人不允，日本遂發兵，陷青島而據其地；登岸以後，侵犯我國中立，占領機關，擾累居民。及青島降服，我國要求日本撤兵。四年一月十八日，日本政府竟訓令公使日置益，以非常手續，向袁總統提出五號二十一條之要求；並謂中國必當守密，否則日本當更索賠償，我以陸徵祥、曹汝霖爲全權委員，磋議多次，僅允撤回第五號保留再議。至五月七日，日本竟致最後通牒於我，迫於四十八時內承認，所謂五月九日之約是也。依約所訂，其最妨主權者擇舉如下：

（1）山東省內屬於德國權利之鐵路及礦山，均讓與日本。

（2）山東省及沿海土地島嶼，不得租借割讓與他國。

（3）旅大租借期，及南滿、安瀋兩路合同期限，均展爲九十九年。

（4）漢冶萍公司作爲中日合辦事業。

（5）日人在南滿、東蒙，有土地所有權及住居權、開礦權，並有借款築路及聘用顧問敎習之優先權。

其後歐戰告終，我以參戰之故，得與巴黎和會。然諸大國皆袒日本，致公理不伸，我乃拒簽《德約》而歸。

六年八月，我以德人使用潛艇戰爭，加入協約，與德、奧宣戰；而日本據山東如故，設行政署於青島，受理訴訟，抽收捐稅，管領膠濟路及沿綫礦產。我國抗議，置而不問。七年，又乘歐戰未息，要我合辦膠濟路，及借日款築濟順、高徐兩支綫。我如允諾，則彼撤廢所施民政，且墊付兩路借款二千萬元。時章宗祥爲駐日公使，覆以欣然同意之語。其後以俄國革命，又與我訂軍事協定（見前），而大出兵於北滿。迨歐戰告終，八年一月，巴黎和會開幕。我以協約之資格，出席於會場，所要求者，約有三端：

（1）由德國直接歸還在山東一切之權利。

（2）取消强迫訂結之二十一條要求。

（3）希望取消一切不平等之條約。

然日本於六年間，已與各國有交換條件，承認日本繼承德國在魯之權利。故和議開後，各大國皆祖日，竟明定日本承受德在山東之權利於對德和約中。我憤大會之專橫，遂於六月二十八日，拒絕簽字，由是山東問題暫成懸案。其九月，我以命令恢復中德和平焉。

直至美總統召集太平洋會議，我代表出席重提，於是除二十一條，僅有一部分之讓步而外。

歐戰爲日本對華侵略之機會二

巴黎和會一瞥

太平洋會議，發起於美總統哈定；自十年十一月十二日開幕，至次年二月六日閉幕。我代表爲施肇基、顧維鈞、王寵惠三人。十二月十五日，我代表提出取消二十一條案，謂此約乃受威脅而承認者，且未經國人允准，僅爲二國元首之私相授受，不能認爲有效。討論良久，日本代表乃作一聲明書，所讓步者如下：

華會與二十一條

（1）南滿、東蒙之借款權，日本願讓歸國際財團共同承借。

（2）南滿顧問敎習之優越權，日本並無堅持之意。

（3）二十一條中第五號之再議權，日本願撤回此項保留。

中國代表當卽聲明不能承諾，由議長許士正式登入《會議錄》云。

山東問題，乃亦得有相當之解決。

華會與魯案（租借地交還之濫觴）

茲據解決山東懸案條約（十一年二月四日訂立），摘記要點如下：

（1）日本於本約實施後六個月內，歸還前德膠州灣租借地於中國。

（2）前德所有各項公產，一併歸還中國。

（3）日本沿綫所駐軍隊憲兵，應於中國軍警接收時立卽撤退。

（4）青島海關交還中國。

（5）膠濟路及其支綫，由日本移交中國。中國以日金三千萬元（合德幣五千四百萬金馬克）之國庫券贖回，分十五年還清；五年以後，得一次付清。未付清前，須用日人爲車務總管，及中日會計員同級各一名，由中政府指派局長管轄。

（6）高徐、濟順兩支綫之讓與權，應開放由國際財團公共活動。

（7）開放膠州租借地之全部爲商埠。

不幸民國十七年，又發生濟南慘案，雖經交涉而無良好結果。

民國十七年，國民革命軍進展至山東，日本又藉口保護僑民，出兵青島。五月一日，革命軍克濟南，日軍先佔據膠濟鐵路及濟南城外，阻革命軍北上。三日，圍交涉公署，槍殺交涉員蔡公時等數十人。外交部長黃郛往，與之理論，亦被驅逐。日軍遂以砲轟毀濟南各城門，佔據濟南，奸殺焚掠，無所不爲。我國軍民死者數千人。迨革命軍統一中國，始與之交涉，結果，僅將日軍撤去，濟南歸還中國，其餘皆不得要領。

濟南慘案

而關稅之增加，及法權之收回，各國亦大體承認，

關稅問題，其條約之要點有三：

（1）設立修改稅則委員會，於會議後四個月內，將現行稅則切實增修，至值百抽五，於公布後兩個月內實行。

華會與關稅問題

（2）設立臨時會議，籌備裁釐，規定附加稅，除奢侈品堪負重稅外，以值百抽二·五爲畫一之附加稅率。

（3）釐金裁撤後，進口稅增至值百抽十二·五。

華會與法權問題　領事裁判權問題，依議決案所定，大致則由列席各國，於閉會後三個月，各派代表一人組織委員會，考察現在中國領事裁判員之實在情形，及中國司法狀況，於一年報告各國，並事建議，使各國逐漸或立時放棄其領事裁判權。

至今關稅稍有增加，而法權則尚在交涉中也。

關稅會議　關稅特別會議，於十四年十月二十六日開會。我以王正廷爲代表，提案如下：

（1）各國聲明尊重關稅自主，承認解除現行條約中關於關稅之束縛。

（2）中國自動的將裁釐，與國定稅則同時實行，至遲不得過十八年元旦。

（3）過渡期內，除現行值百抽五外，普通品征值百抽五附加稅，甲種奢侈品征值百抽三十附加稅，乙種奢侈品征值百抽二十附加稅。

（4）附加稅自條約簽字三個月後開征。

以上前兩條提案，已於十一月十九日經各代表正式議決；其餘如附加稅率問題、用途問題、保管問題，各代表意見頗不一致；民國十七年由國民政府外交部與各國代表訂約議決，自十八年二月起實行分七級徵收云。至調查司法制度問題，太平洋會議通過已久。我因翻譯條文，統計專門材料，非短促時間所能辦成，故商請美政府，稍予延期迨十四年冬，美政府發起，擬於十二月十八日開始調查，各國皆贊同。我乃派王寵惠爲代表，至十五年一月十二日，調查法權會議始開幕。二十六日，開始審查中國法典；同時由各代表參觀中國各地法院及監獄實況。現會議已畢，報告書亦已發表。何時實行，亦尚有待也。

調查法權會議

列強對華條約，多不平等，自戰後締《中德條約》，始完全立於平等地位。

《對德和約》，我並未簽字；然其中尚有與魯案無涉之各款，如放棄庚子所得之特權及賠款，歸還所掠之天文儀器，闢津、漢兩地之德租界爲萬國公用等項，德人悉照和約履行。民國九年，遣使要求恢復通商。十年五月二十日，訂《中德協約》，約中所定，於法律則互從駐在國之管轄，於關稅則互從締約國自主之規定；外此，若十一年之《中奧新約》，亦與《德約》大致相同，皆舊日之所無也（外此，若中波、中智諸新約，亦全無舊日不平等之規定）。

對等條約之新紀元

其後與蘇俄協訂新約，亦解除前此種種之束縛焉。

先是蘇俄政府，於十二年秋，派代表加拉亨來

中俄邦交復而又絕

279

華，宣布親善之說，以承認蘇俄及立約解決懸案爲言。十三年三月，我派王正廷與加拉亨爲非正式之接洽，訂有協商大綱十五項。而外交總長顧維鈞則謂其中有必須修改者，令王正廷重與交涉。王氏不肯，加則嚴拒，於是交涉暫行停頓。逮至五月，以疏通與讓步之結果，乃於月杪正式簽約，邦交恢復。約中重要規定如下：

（1）前俄帝國政府，與第三國所訂之約，有妨中國主權及利益者，概爲無效。

（2）俄認外蒙爲中華民國之一部分。

（3）庚子賠款，完全作教育款項之用。

（4）拋棄在華特權，中國亦不得以與任何第三國。

惜乎蘇俄別有用心，欲以共產主義施之中國，故於十六年復與之絕交。

此後國際地位之增進，亦在我國之善爲自處而已。

國民外交之可貴　　外交之後盾，兵力而外，實惟民意。清季外交，廟堂少數大官而外，國民概不得聞，其弊爲卑怯，爲苟且，爲祕密。改國以來，輿論勢力大增，五四運動後，國民外交漸次萌達，使當局者知民意之不可違，相對國知民氣之未可侮，其功用實甚巨。比年交涉各案，恆視清季爲有進步，固人才高出從前，而國民之熱心外事，亦與有力焉。世人好引"弱國無外交"之語以自解，其實暹羅、土耳其諸國，豈可謂強；而近數年來，地位日進，不平等之約，日以廢除。況歐戰結果，我以參戰資格列席聯盟會，非清末之孤立極東可比。果能建設健全之國家，有以自見於世界，寧有泱泱大國，而長受外約之羈軛者哉？是則有待於國人之自勉已！

編後記

　　張震南（1895~1968年），字煦侯，以字行，又名張須，淮安人，中國現代學者、文史學家。幼年進入私塾學習，頗有才名，後進入江蘇省法政專門學校學習，畢業後在省立第六師範學校和省立揚州中學先後執教，教授國文和歷史。張煦侯講課總是旁徵博引，引人入勝，常有許多旁聽生。其編寫的《中等學校適用應用文》教材，曾被選為全國中學通用教材。抗日戰爭期間，開始著述《通鑒學》，於1946年由上海開明書店出版發行。該書論證精當，對《資治通鑒》作了比較全面、系統的研究的考證，在海內外享有盛譽，至今仍為今中國史學界重視。

　　《國史通略》是張震南所著的關於中國歷史的一部通史，其時間段從傳說中的黃帝開始，直到1928年前後。對於每一個朝代或重要的歷史時期，作者分別從政術、國際、生計、學術四個方面，針對其變遷的軌跡展開介紹和分析，論述精當，深入淺出，讀來仿佛一些重大的歷史事件如在眼前，對一些重要的歷史人物的描繪和概括也栩栩如生，是一本很好的瞭解中國歷史的讀物。

　　本社此次印行，以中華書局1936年版為底本整理再版。在整理過程中，首先，將底本的豎排版式轉換為橫排版式，並對原書的體例和層次稍作調整，以適合今人閱讀。其次，在語言文字方面，基本尊重底本原貌等。與今天的現代漢語相比較，這些詞彙有的是詞中兩個字前後顛倒，有的是個別用字與當今有異，無論是何種情況，它們總體上都屬於民國時期文言向現代白話過渡過程中的一種語言現象，為民國圖書整體特點之一。對於此類問題，均以尊重原稿、保持原貌、不予修改的原則進行處理。再次，在標點符號方面，民國時期的標點符號的用法與今天有一定的差異，並且這種差異在一定程度上不適宜今天的讀者閱讀，因此在標點符號方面，以尊重原稿為主，並依據現代漢語語法規則進行適度修改，特別是對於頓號和書名號的使用，均加以注意，稍作修改和調整，以便於讀者閱讀和理解。最後，對於原書在內容和知識性上存在的一些錯誤，此次整理者均以"編者註"的形式進行修正或解釋，最大可能地消除讀者的困惑。

文　茜

2016 年 9 月

《民國文存》第一輯書目

紅樓夢附集十二種	徐復初
萬國博覽會遊記	屠坤華
國學必讀（上）	錢基博
國學必讀（下）	錢基博
中國寓言與神話	胡懷琛
文選學	駱鴻凱
中國書史	查猛濟、陳彬龢
林紓筆記及選評兩種	林紓
程伊川年譜	姚名達
左宗棠家書	許嘯天句讀，胡雲翼校閱
積微居文錄	楊樹達
中國文字與書法	陳彬龢
中國六大文豪	謝無量
中國學術大綱	蔡尚思
中國僧伽之詩生活	張長弓
中國近三百年哲學史	蔣維喬
段硯齋雜文	沈兼士
清代學者整理舊學之總成績	梁啟超
墨子綜釋	支偉成
讀淮南子	盧錫烺

國外考察記兩種	傅芸子、程硯秋
古文筆法百篇	胡懷琛
中國文學史	劉大白
紅樓夢研究兩種	李辰冬、壽鵬飛
閒話上海	馬健行
老學蛻語	范禕
中國文學史	林傳甲
墨子閒詁箋	張純一
中國國文法	吳瀛
《四書》《周易》解題及其讀法	錢基博
老莊研究兩種	陳柱、顧實
清初五大師集（卷一）·黃梨洲集	許嘯天整理
清初五大師集（卷二）·顧亭林集	許嘯天整理
清初五大師集（卷三）·王船山集	許嘯天整理
清初五大師集（卷四）·朱舜水集	許嘯天整理
清初五大師集（卷五）·顏習齋集	許嘯天整理
文學論	[日] 夏目漱石著，張我軍譯
經學史論	[日] 本田成之著，江俠庵譯
經史子集要畧（上）	羅止園
經史子集要畧（下）	羅止園
古代詩詞研究三種	胡樸安、賀楊靈、徐珂
古代文學研究三種	張西堂、羅常培、呂思勉
巴拿馬太平洋萬國博覽會要覽	李宣龔
國史通略	張震南
先秦經濟思想史二種	甘乃光、熊夢
三國晉初史略	王錘麒
清史講義（上）	汪榮寶、許國英

清史講義（下）	汪榮寶、許國英
清史要略	陳懷
中國近百年史要	陳懷
中國近百年史	孟世傑
中國近世史	魏野疇
中國歷代黨爭史	王桐齡
古書源流（上）	李繼煌
古書源流（下）	李繼煌
史學叢書	呂思勉
中華幣制史（上）	張家驤
中華幣制史（下）	張家驤
中國貨幣史研究二種	徐滄水、章宗元
歷代屯田考（上）	張君約
歷代屯田考（下）	張君約
東方研究史	莫東寅
西洋教育思想史（上）	蔣徑三
西洋教育思想史（下）	蔣徑三
人生哲學	杜亞泉
佛學綱要	蔣維喬
國學問答	黃筱蘭、張景博
社會學綱要	馮品蘭
韓非子研究	王世琯
中國哲學史綱要	舒新城
中國古代政治哲學批判	李麥麥
教育心理學	朱兆萃
陸王哲學探微	胡哲敷
認識論入門	羅鴻詔

儒哲學案合編	曹恭翊
荀子哲學綱要	劉子靜
中國戲劇概評	培良
中國哲學史（上）	趙蘭坪
中國哲學史（中）	趙蘭坪
中國哲學史（下）	趙蘭坪
嘉靖御倭江浙主客軍考	黎光明
《佛游天竺記》考釋	岑仲勉
法蘭西大革命史	常乃悳
德國史兩種	道森、常乃悳
中國最近三十年史	陳功甫
中國外交失敗史（1840~1928）	徐國楨
最近中國三十年外交史	劉彥
日俄戰爭史	呂思勉、郭斌佳、陳功甫
老子概論	許嘯天
被侵害之中國	劉彥
日本侵華史兩種	曹伯韓、汪馥泉
馮承鈞譯著兩種	伯希和、色伽蘭
雲南金石目略初稿	李根源
北平廟宇碑刻目錄	張江裁、許道齡
晚清中俄外交兩例	常乃悳、威德、陳勛仲
美國獨立建國	商務印書館編譯所、宋桂煌
不平等條約的研究	張廷灝、高爾松
中外文化小史	常乃悳、梁冰弦
中外工業史兩種	陳家錕、林子英、劉秉麟
中國鐵道史（上）	謝彬
中國鐵道史（下）	謝彬

中國之儲蓄銀行史（上）	王志莘
中國之儲蓄銀行史（下）	王志莘
史學史三種	羅元鯤、呂思勉、何炳松
近世歐洲史（上）	何炳松
近世歐洲史（下）	何炳松
西洋教育史大綱（上）	姜琦
西洋教育史大綱（下）	姜琦
歐洲文藝雜談	張資平、華林
楊墨哲學	蔣維喬
新哲學的地理觀	錢今昔
德育原理	吳俊升
兒童心理學綱要（外一種）	艾華、高卓
哲學研究兩種	曾昭鐸、張銘鼎
洪深戲劇研究及創作兩種	洪深
社會學問題研究	鄭若谷、常乃悳
白石道人詞箋平（外一種）	陳柱、王光祈
成功之路：現代名人自述	徐悲鴻等
蘇青與張愛玲：文壇逸站	白鷗
文壇印象記	黃人影
宋元戲劇研究兩種	趙景深
上海的日報與定期刊物	胡道靜
上海新聞事業之史話	胡道靜
人物品藻錄	鄭逸梅
賽金花故事三種	杜君謀、熊佛西、夏衍
湯若望傳（第一冊）	［德］魏特著，楊丙辰譯
湯若望傳（第二冊）	［德］魏特著，楊丙辰譯
摩尼教與景教流行中國考	馮承鈞

楚詞研究兩種	謝無量、陸侃如
古書今讀法（外一種）	胡懷琛、胡朴安、胡道靜
黃仲則詩與評傳	朱建新、章衣萍
中國文學批評論文集	葉楚傖
名人演講集	許嘯天
印度童話集	徐蔚南
日本文學	謝六逸
齊如山劇學研究兩種	齊如山
俾斯麥（上）	[德] 盧特維喜著，伍光建譯
俾斯麥（中）	[德] 盧特維喜著，伍光建譯
俾斯麥（下）	[德] 盧特維喜著，伍光建譯
中國現代藝術史	李樸園
藝術論集	李樸園
西北旅行日記	郭步陶
新聞學撮要	戈公振
隋唐時代西域人華化考	何健民
中國近代戲曲史	鄭震
詩經學與詞學 ABC	金公亮、胡雲翼
文字學與文體論 ABC	胡朴安、顧蓋丞
目錄學	姚名達
唐宋散文選	葉楚傖
三國晉南北朝文選	葉楚傖
論德國民族性	[德] 黎耳著，楊丙辰譯
梁任公語粹	許嘯天選輯
中國先哲人性論	江恆源
青年修養	曹伯韓
青年學習兩種	曹伯韓

青年教育兩種	陸費逵、舒新城
過度時代之思想與教育	蔣夢麟
我和教育	舒新城
社會與教育	陶孟和
國民立身訓	謝無量
讀書與寫作	李公樸
白話書信	高語罕
文章及其作法	高語罕
作文講話	章衣萍
實用修辭學	郭步陶
版本通義・古籍舉要	錢基博
中國戲劇概評	向培良
現代文學十二講	［日］昇曙夢著，汪馥泉譯